찻잔 너머의 세상

찻잔 너머의 세상

–세상살이 몬도가네

전 지 명 지음

대양미디어

머리말

그동안 바쁜 일상으로 내 주변의 소중한 분들을 잠시 잊고 지냈다. 어느새 나도 모르게 때 묻고 교만해진 듯한 이기적인 내 모습을 문득 발견하였다.

그래서 내 마음 밭에 자라고 있는 잡초 같은 생각이 더 자라지 못하게 하고, 내 발걸음이 더 이상 흐트러지지 않게 하기 위해 끊임없이 성찰하면서 글도 써 보았다. 글을 읽고 쓴다는 것은 그나마 자기정리가 된다는 점을 다시금 깨닫게 되었다. 어쩌면 내 영혼을 깨우쳐 주는 문학은 내 삶의 길잡이이기도 한 영원한 동반자이다. 특히 문심(文心)을 나날이 가슴에 새기면서 어둡고 그늘진 곳도 밝혀 보고자 한다.

이 책에 실린 글들은 대부분 우울한 정치 현실을 보고 그때그때 느낀 점, 그리고 그간에 발표했던 글들을 다시 다듬어서 정리한 것과 최근에 쓴 수필과 시 등으로 꾸며 보았다.

책 제목은 이 책의 성격이나 내용을 고려하여 넓은 의미로 『찻잔 너머의 세상』으로 정하고, 지난 시절 영화 '몬도가네(Mondo Cane)' 로 널리 알려진 이 이태리어의 직역은 '개 같은 세상' 이란 뜻인데, 이를 확대 해석해 보면 '어리석고 탐욕스런 인간의 모습' 을 함축(含蓄)하고 있어 자못 흥미로워 '세상살이 몬도가네' 를 부제로 삼아 보았다.

제1부에서는 찻잔을 앞에 두고 떠올랐던 여러 생각들 중 내 개인적 삶과 밀접한 부분들도 더러 있어 좀 망설여보기도 했지만 또 한편으로는 문학적인 요소도 들어 있다 싶어 과감히 비빔밥 식으로 엮어 보았다. 그리고 일화 수필인 당 대표들의 실수담은 누구나 한번쯤 있을 수 있는 에피소드를 인간적(人間的)인 측면에서 수필식으로 다루어 보았다.

제2부는 세 발 가마솥의 뜨거운 물과 같은 입법, 사법, 행정 이른바 삼권(三權)에 대한 나의 관심과 생각들을 담아 본 정치·사회 단상 수필의 쪽지 글들로 되어 있다.

제3부에서는 1부와 2부와는 달리 역시 이 생각 저 생각들을 시(詩)로

옮겨 본 글들 중 마음에 드는 일부를 골라 실어보았다.

비록 이 책의 내용이 영글지 못한 시각이나 부족한 점이 있더라도 독자들께서는 너그럽게 이해하여 주었으면 하고 또 언제나 따뜻한 관심과 격려를 아끼지 않으셨던 분들께는 고마운 마음도 전하면서 많은 질정(叱正)과 가르침도 기다려 본다.

끝으로 바쁘신 중에도 평설을 흔쾌히 맡아 주신 원로 평론가이신 이유식 교수님께 깊은 감사를 드림과 동시에 이 책의 출판을 맡아주신 서영애 사장님께도 감사드린다.

2011년 가을에

전 지 명 쓰다

| 차 례 |

제2부 | 단상으로 써 본 이 생각 저 생각

—삼권(三權)이란 세 발 가마솥의 뜨거운 물

제3부 | 시(詩)에 담아 본 이 생각 저 생각

제 1 부

찻잔 속의 반란

-수필로 써본 여러 생각들-

S 교수와 천지의 바람

S 교수는 중국인으로 정년퇴임을 앞두고 있는 노교수님이다. 내가 그분에게 관심을 갖게 된 것은 그가 북한 전문학자이기 때문이라기보다 그의 삶 그 자체에 대한 연민의 정 때문이 아니었던가 싶다.

수년전 중국 지린성(吉林省)의 성도(省都)인 장춘(長春)에 소재한 길림대학교에서 북한 핵 문제를 주제로 한 세미나에 참석하여 발제와 토론의 시간을 가져본 적이 있다.

그때 만난 그 대학의 그는 다음날 우리 일행에 합류하여 백두산 천지를 보려 함께 나서게 되었다.

백두산은 그 옛날 활화산일 때 불에 타서 하얗게 솟구친 백색의 부석이 산꼭대기를 뒤덮고 있어 마치 흰머리 같다하여 붙여진 이름이라고 한다.

한반도의 등뼈구실을 하는 백두대간(白頭大幹)의 시작이 바로 백두산이 아닌가.

북한지역은 갈 수 없기 때문에 우리 일행은 중국지역으로 되어 있는 서쪽에서 그 산을 오르게 되었다. 다음 번의 백두산 천지 등정이 있다면 중국 지역이 아니라 내 나라 내 땅을 밟고 오르리라는 기대도 가져보았다. 산에 올라가는 고산지대 곳곳에는 들꽃(野生花)들이 얼굴을 붉히며 우리를 반겨주었고, 이름 모를 식물들이 초원을 이루고 있는 듯해 보였다.

일행 모두가 즐겁고 즐거웠다.

그런데 천지에 오르는 마지막 관문이라고 할 수 있는 가파른 돌층계 앞에서 S 교수의 얼굴이 갑자기 상기되었다. 그는 마치 건너야만 하는 강을 건너지 못하고, 그 앞에서 어쩔 줄 몰라 하는 동물 마냥 우두커니 서있었다.

나는 그의 행동을 직감적으로 알아채고 한 사람이 들고 다른 한사람은 메고 올라가는 '가마' 에 태워 천지 등정을 하게 했다.

천지에서 불어오는 듯한 세찬 바람이 얼굴을 할퀴는데도 '가마' 타고 뒤돌아보는 그의 표정은 엄마 등에 업힌 천진한 어린아이의 모습 같았다.

역시 천지는 보면 볼수록 장엄하고 신비로웠다.

백두산의 날씨는 매우 변덕스럽기 때문에 그 천지를 보지 못하는 경우도 많다고 한다. 그러나 우리 일행은 99명의 선녀가 내려와 목욕을 하고 올라갔다는 전설이 있는 말 그대로 '하늘의 호수' 를 볼 수 있었다. 모두가 감격했다.

그때 감격했던 그 '천지' 에 대한 나의 졸시 '천지(天池)의 바람' 을 여기 소개해 본다.

천지(天池)의 바람

높고도 높은
저 비취 빛 하늘 못(池)이여!

민족의 혼(魂) 실은
저 칼바람이 회살 칠 때는
눈부신 소리 장엄하도다.

성산(聖山)에서 치솟는
저 바람은
신비로운 소리만 남기고
푸른 빛 구름 그늘 속으로
사라진다.

그 누구도 아직
그 바람을
본 적이 없다.

아, 티끌만도 못한 나는
그 바람의 궤적을 찾으려
먼 하늘만
바라보고 있다.

우리 일행은 그날 저녁 "덕을 많이 쌓아 '천지'를 볼 수 있었다."라면서 서로에 대해 덕담을 주고받으며 화기애애한 분위기 속에서 지냈다.

그러던 중 잠깐 안보이던 S 교수는 술병 하나를 가슴에 안고 만면에 웃음을 띤 채 나타났다.

그의 통 큰 성의(?)에 우리 모두는 놀랐다.

그는 아마 그날 오후 천지 등정에 '가마' 태워 준 감사 표시로 그에게는 거금이나 다름없는 돈을 투자했을 것이다.

그 다음날 우리를 태운 승합차가 백두산 발치를 열심히 달리고 있을 때 거무튀튀한 그 중국인 기사는 연신 담배연기를 뿜어대면서 중국말로 "여기 공기 참 좋지요."라면서 조수석에 앉은 나에게 말을 걸어왔다. 어이가 없어 담배연기 나가라고 대답대신 차창을 불만스럽게 세게 내려 버렸다.

오후쯤 연길에 도착한 우리는 연변대학교 도서관을 방문했다. 다른 일행들은 열심히 책을 펼치고 있는데 그는 시무룩한 표정이었다.

그 이유인즉슨, 그는 전날 밤 자기 기분에 그만 도취되어 술을 사긴 샀는데 그만 그 얇은 지갑을 몽땅 털었다 싶어서이었다. 그래서 '장춘'으로 다시 돌아가야 하는 그는 기차표를 살 수가 없게 되자 근심하고 있었던 것이다. 그 얼마나 답답한 심정이었겠는가.

S 교수, 그는 누구인가. 당시는 아주 드물게 북한 김일성 종합대학에 유학하여 박사가 된 사람이다. 미국으로 말하면 주립대학에 해당하는 명문 길림대학 교수로서 평생 연구 활동을 활발히 해오고 있는 학자이다.

그러나 그의 돋보이는 경력에 비해 현재 자기 처지가 초라하다 싶어 갈등과 좌절을 겪고 있는 듯해 보였다.

북한 유학파로서 그 사회의 진상을 누구보다 잘 알고 있는 그는 두만강 너머 북녘의 하늘을 바라보며 과연 무슨 생각을 떠올렸을까?

우리가 사준 기차표 한 장 받아들고 안도의 한숨 내쉬며, 쑥스러운 듯 고개를 들다 말고 떠나는 그의 뒷모습을 보니 그 나라 최고 지성인인 그가 한없이 처량하게 보였다. 터벅터벅 무거운 발걸음을 옮기는 그의 모습을 보면서, 어쩌면 그는 현실의 질곡에서 벗어나고파 천의무봉(天衣無縫)처럼 자유롭게 날고 있는 천지의 바람이나 천지의 구름이 되고 싶은 충동을 느꼈을지도 모른다.

찻잔 앞에서 본 당 대표들의 일화(逸話)

✣ 안상수와 발가락 만지기

당 대표가 된지 얼마 안 되어 그의 사무실로 찾아갔다. 사무실에 들어서자 회색 양말 신은 그의 발등이 내 눈에 퍼떡 들어 왔다. 그는 사전 약속을 해놓고 방문한 우리 일행을 신발 대신 실내화로 바꿔 신은 채로 반갑게(?) 맞아 주었다.

응접실 중앙 1인용 소파에 앉은 그는 찻잔을 앞에 두고 우리의 이야기를 열심히 듣는 듯한 진지한 표정과는 달리 이게 웬일인가? 그의 손은 '자기 발가락 만지기'를 하고 있었다.

우리를 무시하는 듯한 그의 손 행동에 자존심이 약간 상한 일행 중 한분이 "대표님, 저도 좀 오래전에 4선을 한…" 하고 뒷말을 흐려버리자 "아, 그렇습니까?" 하면서 순간 발가락에서 손을 뗐다.

당 대표 품위(?)를 잃은 듯한 뜻밖의 그런 점잖지 못한 행동에 대해 우리는 난감해 하고 있는데 정작 그는 평소의 수더분한 성격 때문인지 당황해 하는 기색도 없이 '그게 뭐 그리 대수로운 일이냐?' 라는 듯 해 보였다. 나는 그의 이런 부주의한 무례(?)가 차라리 일회성 실수였으면 얼마나 좋겠느냐는 생각도 해보았다.

그러나 그런 일이 있은 얼마 후 알 만한 사람은 이미 다 알고 있겠지만 이른바 '보온병 폭탄' 과 '자연산' 발언으로 가혹한 비난을 사고 있는 상황에서 그는 또 자신이 참배한 묘역 상석(床石)에 발을 딛고 올라서는 참으로 어처구니없는 결례를 해 많은 국민들을 크게 실망시키기도 했다.

그는 어쩌면 대수롭지 않게 치부했던 그때의 그 '발가락 만지기' 사고란 작은 부주의가 뒤에 일어난 대형 사고의 불씨를 이미 배태하고 있었지 않았나 싶기도 하다.

천신만고 끝에 당 대표가 된 그는 정치인으로서 많은 장점을 가졌음에도 결국 자신의 그런 부주의한 언행 실수 때문에 대표란 날개를 갖고도 제대로 한번 날아보지도 못하고 끝내 그 날개를 접어야 했지 않았던가. 이해와 배려의 덕목은 없어 보이고 상대편을 무조건 깎아 내리려는 정치현실도 참 안타까울 뿐이다.

내가 지켜본 그의 성품은 권위보다 마음씨 좋은 이웃집 아저씨같이 부드럽고 소탈해 보이면서도 한편으로는 자기 신념이 확고해 보였고, 만나볼수록 인간미가 느껴진 장점도 많은 분 중의 한 분이다.

⚜ 홍준표와 손톱깎이

재수(?) 끝에 당의 대표가 된지 불과 얼마 되지 않았던 어느 토요일 오후였다. 그런데 의외로 시무룩하게 보인 그는 손톱깎이를 한 손에 든 채 나를 시큰둥하게 맞이했다.

순간 좀 이상한 느낌이 들었다. 여느 때와는 달리 말문을 닫고 그다지 길지도 않은 손톱만 딱딱 끊어내고 있었다.

그것도 휴지도 깔지 않아 탁자 유리에 튕겨져 튀어 오르고 있었다. 찻잔을 앞에 두고 '차 마시라' 라는 그의 말이 전부이다시피 한 어색한 침묵이 조금 흐른 뒤 내가 먼저 말문을 열어본 날이었다.

그날 튀어 오른 깎은 손톱이 마치 찻잔 속에 빠진듯하여 아예 차를 입에도 대지 않은 채 일어설 수밖에 없었다. 그러자 몇 마디 조언과 격려말만 해주고 일어서는 내가 고맙기도 하고 미안해서인지 그도 벌떡 일어나서 싱긋이 웃으면서 서로 힘을 내보자는 듯 내 손을 유난히 세게 잡아 주었다.

평소 아무리 격식 없이 터놓고 지내는 친한 사이라 할지라도 기본 예는 서로가 갖추어야 하는데 그때 그의 속마음을 헤아릴 수 없었다.

그러나 어림쳐서 헤아려 보면 그는 뭔가 아니꼬운 일을 당한 듯 불편한 심기를 손톱깎이로 해소하고 있었던 것 같다. 그때가 당직인선을 둘러싼 논란으로 약간의 흔들림을 당하고 그로 인한 갈등이 최고조에 달한 시기였다. 당 대표로서 가장 힘들었던 만큼 '손톱깎이의 침묵' 으로 그 괴로움을 달래고 있었다고 추측해 본다.

평소 그는 늘 나를 격의 없이 편안하게 대해왔다. 그날도 그는 내 앞에서 아무렇지도 않게 손톱깎이를 했는데, 요즘 그는 때로는 거침없는 발언을 해 막말 논란의 구설수에 오르고 설화를 부르기도 한다. 또 그의 그런 발언을 두고 비판하는 이들도 있다. 그러나 지극히 인간적인 그의 면모를 접할 수 있었던 내가 본 그는 겉과 속이 크게 다르지 않는 꾸밈없고 소박한 정치인임에는 틀림없다. 나쁠 때 나쁘다고 아무 꺼림없이 말할 수 있는 솔직한 성격이다 보니 되레 그런 장점이 약점으로 비칠 때가 더러 있다고 본다. 그는 차갑고 강렬해 보이는 겉의 이미지와는 달리 속에는 따뜻한 인정도 많이 담고 있는 분이다. 농담하기를 좋아하는 그는 당 대표이다 보니 이제는 가벼운 농담조차도 할 수 없는 입장이 되어버렸다고나 할까.

그는 성격적으로 이해득실을 따지기 전에 할 말은 꼭 하고 보는 분이다. 어쩌면 카타르시스 적 성격 소유자 같기도 한 그이기에 그는 손해도 보고 득도 보는 것 같다.

⚜ 서청원과 재판 결과 뒷얘기

"기각입니다."

"윽" 하는 외마디 비명을 지르고는 찻잔이 놓인 원탁을 내리치며 분을 삼키지 못하는 그의 얼굴은 이미 벌겋게 달아올랐다.

"어디 이럴 수가, 이 나쁜 놈들" 소리치고는 잠시 숨을 고르듯 에세

담배 한 개비 빼어 물고 일어서 창밖을 뚫어지게 내다보고 있었다.

만감이 교차하는 듯 더 이상 말을 잇지 못하는 그의 얼굴은 백지장 처럼 하얗게 변해 있었다.

30여 년간 영욕의 정치 인생이 불과 한순간에 처참하게 무너져 내리는 충격적인 최종 재판 결과 소식을 미리 알려준 나의 몸도 마음도 순간 굳어졌다.

그는 자신이 받아 온 그 재판이 1, 2심에서 유죄로 선고된 이후부터 신경이 극도로 예민해져 균형 감각이 깨진 듯 사소한 문제에도 지나치게 과민한 반응을 보였다.

그 일례로 내가 쓴 논평 내용 때문에 한바탕 소동이 벌어진 적이 있다.

회의가 끝날 무렵 "전 대변인, 고생 많다. 요즘 논평도 잘 쓰더라." 면서 활짝 웃으면서 격려해 주던 그때와는 달리 갑자기 얼굴이 붉으락 푸르락 했다.

그의 손에는 방금 읽어본 S 대법관 관련 내 논평 페이퍼가 꼬옥 쥐어져 있었다.

그는 깜짝 놀란 표정으로 "치욕적인, 치욕이 뭐야, 이렇게 세게 쓸 필요가 뭐 있어" 하면서 "이 논평 발표했느냐" 고 물어와 "그렇다" 고 대답하자 곧바로 자기감정을 제어 못해 마구 욕(?)을 쏟아 내었다.

하기야 그는 노심초사 걱정되는 자신의 재판 상황을 염두에 두다보니 사법부 쪽 비난 논평이 신경 쓰일 수밖에 없었을 것이다.

그일 이후 그의 마음을 헤아려 더 이상 그쪽 관련 논평은 쓰지 않았다.

그러나 그가 그토록 믿고 싶었던 그 사법부는 끝내 그를 영어의 몸으로 만들고 말았다. 그 후 안타깝게도 그때 뭉친 동지들은 선장을 잃은 난파당한 배의 선원들처럼 흩어지면서 지금 각자 약간 다른 길을 가고 있다. 정치 무상이 따로 없다싶은 생각이 든다.

그는 내로라하는 선비 집안의 후손임을 가장 자랑스럽게 여기며 섬세하면서도 온후한 성품과 사람을 끌어당기는 특유의 친화력을 가진 분이다.

정치의 중요한 덕목인 화합과 배려의 기본조차 잊고 있는 듯한 오늘의 정치상황에서 대화와 타협이 필요할 때 아마 그분은 그 조정자로서의 역할을 잘 할 수 있지 않나 싶다.

친박연대 시절 전지명 대변인 생일을 축하하는 서청원 대표(맨 왼쪽)와 이규태 대표(오른쪽 두 번째). 맨 오른쪽은 당시 정책위의장이었던 엄호성 전 의원. 여기 네 사람은 지금 각자 약간 다른 길을 가고 있다.

✤ 박근혜와 포근한 손님맞이

그는 역시 정확하고 남달랐다.

약속시간 그 방에 들어서자 시간을 맞추어 외출에서 돌아온 듯 서 있는 상태로 미소를 지으며 반갑게 맞아 주었다.

"어서 오세요. 참, 연락 주신지가 좀 오래된 것 같은데 늦어져서 죄송해요."라는 이 한마디에서 다른 정치지도자에게서는 좀체 발견하기 드문 그의 겸손한 미덕을 읽을 수 있었다.

바꾸어도 봄직한 낡은 나무 원탁 위에 푸른빛이 감도는 찻잔을 앞에 두고 여러 가지 의견을 격의 없이 나누었다. 대화를 나누면서 진심으로 사람을 편안하게 대해주고 존중할 줄 아는 분이구나 싶어 모성(母性)적인 따뜻한 마음의 소유자임을 느낄 수가 있었다.

그것은 다른 분들과의 독대(獨對)에서는 차마 느껴보지 못했던 뭉클한 감동이었다. 충격과 고통으로 숨 쉬는 것조차 힘든 슬픔의 시절이 있었다는 그에게 어떻게 그런 부드럽고 높은 덕성이 있는지 놀라웠다.

그런 그에게 유머스런 면도 갖고 있었다.

대화중에 농 반 진 반으로 웃으며 "이제 좀 (정치에)적응 되세요?"라며 선생님이 학생에게 질문하듯 물어왔다. 아마 그의 질문 속엔 아직 여의도 수업에 미숙하고 서투른 나를 약간 놀려 주고 싶은 생각도 있었는지 긴장한 내 표정을 재미있게 빤히 살피고 있었다.

이런 일만이 아니었다.

찻잔을 비우고 일어서는 나를 방문 밖에까지 따라 나오면서 "다음에 또 만나요." 인사하는 그의 성의는 권위적인 다른 대표들의 모습과 대비가 되는 진실한 모습 그 자체였다.

셰익스피어가 '인간은 실수하고 신은 용서한다' 라고 말했지만 찻잔 앞에서 본 그는 어떤 결례나 실수도 허락되지 않을 만큼 덕망이 높고 품위가 있는 분이라는 사실을 직접 확인할 수 있었다.

'정치가들은 자기들이 한 말을 전혀 믿지 않기 때문에 딴 사람들이 그걸 믿으면 깜짝 놀란다.' 고 풍자한 '드골' 의 말처럼 말로만 떠드는 개그 같은 정치판에서 어머니 같은 마음으로 국민의 마음에 진정한 사랑과 믿음을 고루 나누어 줄 수 있는 진실한 지도자가 필요한 시대다. 그러기에 그에게 걸어보는 국민적 여망은 자못 크다고 할 수밖에 없다 싶다.

지금 나는 그를 만나본 그때의 감동이나 감회를 되새겨 보며, 얼마 전에 '룰라 다 실바' 전 브라질 대통령이 '어머니가 자식들 가운데 가장 약한 아이에게 신경을 더 쓰듯, 정치도 사회적 약자를 돌보는 사회 통합에 역점을 둬야 한다' 라고 했던 말이 문득 문득 떠오른다.

그렇다. 어머니 마음 같은 정치가 그리운 시대다.

나의 기저귀, 어머니가 찰 줄이야

어머니의 한 모습이 떠오른다.

고향집 마루에서 온종일 기다린 듯, 단아한 모습으로 엷은 미소를 머금고 나를 맞이한다. 어머니의 눈빛은 기쁨에 넘치고, 너무나 자애로우며 맑게 웃고 있다. 그리고 곧바로 주방으로 들어가신다. 평소 몸놀림이 느린 자식이 객지에서 혹시나 배는 곯지 않았는지 걱정되어 이른 새벽부터 준비한 밥상을 가지러 들어가시는 모습이다.

또 한 모습도 떠오른다.

용돈을 받고는 의아스런 눈빛으로 "얼마고?" 하고 묻고는 "오만 원이제." 그런 뒤 돌아앉아 둥근 베갯잇 지퍼를 열고 그 속에 있는 비닐봉지에 넣고 가벼운 손놀림으로 지퍼를 꼬옥 채우신다. 아마 어머니는 은밀한 곳에 감춰둬야 도둑맞지 않거나 손 타지 않을 것이란 생각 때문일 것이다.

한 해가 저물어 가는 세밑에 내 마음은 어느 해와 다르게 유난히 스산하여 꿈에서 본 어머니 이야기를 하고 있다. 첫 번째는 어머니가 건강하실 때 고향집에서 있었던 행복한 시절의 꿈 이야기다. 두 번째 이야기는 앞의 그런 행복도 잠시인 듯 어느새 지나가고 어머니가 치매에 걸려 의사소통이 전혀 안 되는 투병생활을 하실 때에 꾸어 본 우울한 이야기이다.

아주 오래전부터 혼자되신 어머니를 돌보는 일이 무엇보다도 자식으로서 보람되고 행복하였다. 그런데 언제부터인가 횡설수설하며 이상한 행동을 보이기 시작한 어머니를 모시고 S 병원으로 가서 진단을 받아보니 중증 치매로 완치 불가 판정을 받았다.

입원하고 계실 때에는 '내 집에 가겠다' 며 막무가내로 의사 선생님의 팔을 잡고 매달리던 어린아이가 되어버린 어머니였다. 이를 본 순간 내 눈에서 참았던 눈물이 왈칵 쏟아졌다. "니 에미가 죽었나, 와 우노, 내 집에 간데이" 하시며 떼를 쓰시는 어머니를 다시 쳐다보았지만 눈물이 앞을 가려 아무것도 보이지 않았다.

그 옛날 어렵게 살던 시절에 대가족들을 위해 한평생 헌신하시면서 얼마나 힘이 드셨을까. 그 시절 밭에서 호미질하며 아마 마음의 평정을 일구었으리라. 지금 다시 호미질로 마음의 평화를 얻을 수만 있다면, 이 자식의 가슴 밭을 한없이 그 호미로 찍어 달라고 애원하고도 싶었다. 훗날 누군가가 나에게 살아오면서 진정 가슴을 치고 슬퍼해 본 적이 있느냐고 물어 온다면 그런 슬픔보다 더 큰 슬픔은 어머니의 그 치매를 두고 내가 아무것도 할 수 없다는 속수무책(束手無策)의 막막함 그 자체였다고 말할 것이다.

그런 일이 있은 후 얼마 되지 않아 어머니께 더 잘해야 한다고 가족을 설득하여 온 식구가 마음을 굳게 먹고, 병원에서 어머니를 다시 집으로 모셨다. 하지만 어머니의 증세는 가족의 마음까지 황폐하게 만들 정도로 차츰차츰 심해져만 갔다.

치매 부모를 모시고 사는 자식은 결국 불효자가 될 수밖에 없다는 말처럼, 시간이 지날수록 효심이 줄어들고 때로는 가족 간의 갈등으로 가정이 흔들릴 정도였다. 참고 견디는 형편에도 한계가 왔는지 가족은 물론이거니와 친척 분들도 전문 요양병원에 입원시키는 것이 서로를 위해서도 좋겠다는 얘기가 갈수록 강도를 더해 갔다. 그런데 스스로는 아무것도 할 수 없는 어린애나 다름없는 어머니를 가족이 아닌 다른 사람에게 어떻게 맡길 수 있겠느냐고 다시 설득하면서도 한편으로는 마음속으로 미안한 생각도 들었다.

어머니는 자기가 음식을 먹었다는 사실조차도 기억하지 못하기에 계속 밥을 달라고 소리쳤다. 뿐만 아니라 낮밤을 구별할 수 없기에 한밤중에도 고함을 계속 지르다가 곧 혼몽 상태에 빠지시곤 했다.

"배고프다"는 고함소리에 어머니 방으로 달려가 보면 이미 지쳐 눈을 감고 누워 계셨다. 나는 헝클어진 어머니 머리카락을 쓰다듬으면서 '단 한 번만이라도 온 정신을 찾게 해 주소서' 하고 기도를 올리기도 했다. 우리는 슬픔과 기쁨이 닥치면 울고 웃을 수도 있지만 어머니는 그저 어린아이나 다름없었다. 치매라는 질환이 이렇게 무서운 것이구나 싶었다.

차츰 시간이 더 지남에 따라 어머니의 거동이 더욱 불편해져 갔다.

스스로 화장실 사용을 할 수 없을 때가 왔다. 또 다른 새로운 고통을 겪게 될 처지였다. 누구나 한번은 처하게 되고 당할 수도 있는 일이겠지만 실로 '긴 병에 효자 없다'는 말이 실감나기도 했다.

차가운 겨울바람이 불고 있을 때, 아파트 베란다 창문은 밤중인데도 늘 열어 두어야 했다. 날씨가 흐리거나 비가 올 때면 노루풀뿌리 같은 역한 냄새가 더 심해지는데, 아마 저기압 때문에 위에서 누르는 공기의 압력이 작아져 냄새 분자가 집안에 더 쉽게 퍼지기 때문일 것이다. 짐작은 했지만 병실처럼 쓰고 있던 어머니 방에서 냄새가 난다면서 한겨울 밤이지만 환기를 위해서 어쩔 수 없이 창문을 열 수밖에 없지 않았느냐는 가족들의 항변 아닌 항변이었다.

그 항변에 나는 어쩔 수 없이 벙어리가 될 수밖에 없었다. 처음에는 가장으로서 가족들에게 훈계하던 권위적 모습에서 차츰 어머니의 병세가 악화되어 갈수록 가족의 눈치를 살피는 약자가 되어 갔다.

지금 생각해 보아도 나는 일찍 일어나는 새벽 형 습관 때문에 가족 간 갈등의 소지를 많이 줄일 수 있었던 점이 천만 다행스러운 일이었다 싶다. 가족 모두 깊은 잠에 빠져 있는 새벽에 미리 욕조에 더운 물을 받아 어린아이 목욕시키듯 어머니를 씻겨 드리고 또 기저귀를 채워 옷을 입혀 드리는 것이 하루의 시작이 되었다.

참 신기한 일은 시시때때로 고함을 지르던 어머니가 새벽에 목욕을 할 때는 수줍게 자식인 나를 힐끔힐끔 쳐다보실 뿐 말없이 조용하셨다. 아마 당신의 막둥이가 가족의 눈치를 보며 더 이상 약자로 몰리는 것을 원치 않으셨는지, 아니면 가족이 깰까 봐 숨죽이면서 목욕시키는 나의 딱한 처지를 직감으로 알고 계셨는지 아무튼 조용하셨다.

이 세상 사람들이 어린아이가 용변을 보면 그 부모는 바로바로 기저귀를 갈아주는 게 당연지사라고 하면서도 거꾸로 부모가 용변을 보면 과연 편한 마음으로 기저귀를 갈아줄 자식이 얼마나 되겠는가. 그렇지만 용변을 가리지 못하는 나를 위해 그 옛날 어머니가 기저귀를 수시로 채워 주었듯이 이제는 입장이 바뀌어 어머니에게 기저귀를 채워 드려야 하는 것은 어쩌면 너무나 당연한 인륜의 도리이기도 하지만 참 힘들었다.

인간은 누구나 언젠가는 병을 얻게 되고 죽음을 맞이한다. 단지 조금 먼저냐 나중이냐의 차이일 뿐, 우리 모두는 늘 그런 잠재적 가능성에 노출되어 있다고 본다. 태어나서 기저귀를 차고 또 죽음이 가까워지면 다시 기저귀를 차는 것이 늙으면 늙을수록 어린애가 된다는 그 순환 이치가 아닌가도 싶다.

인생은 참으로 일순간이라 하듯 지금은 저 먼 세상 천국에 가 계시는 어머니시다. 그 옛날 내가 어렸을 적에 어머니의 손길이 필요했던 것처럼 병중에 자식의 보살핌이 절실히 필요하셨던 어머니께 수저로 밥을 떠 먹여드리고, 기저귀를 갈아 드리고, 마음까지 기쁘게 해 드리려고 애 썼던 지난날들이 있었기에 그나마 조금 덜 후회스러운 것 같다.

오늘도 밤하늘의 별을 멍하니 쳐다보고 있노라면 오줌에 젖었다 마른 듯 꾸깃꾸깃한 어머니 속곳 자락이 눈앞에 어른거려 새삼 그리워진다.

갈수록 수명이 연장되어 고령화 되어 가는 이 시대에 살고 있는 우리 모두는 언젠가는 기저귀를 차야 하는 환자가 되리라 상상해 본다. 결국 기저귀란 항상 우리의 삶 곁에 있다는 것을 다시금 깨달아 본다.

돌이켜 보면 기저귀 이야기는 내 엄마 이야기이기도 하고 또 다른 사람들 어머니 이야기일 수도 있지만 앞으로 다가 올 우리 모두의 이야기가 아닌가 싶다.

어느 노(老)시인의 시비를 둘러보며

얼마 전에 초가을 햇살을 받으며 어린이대공원에 들렀다가 그곳에서 그리 멀지 않은 '광진 광장'을 찾았다.

내가 그곳을 찾아간 이유는 그 광장 왼편 끝 모퉁이에 세워져 있는 황금찬 선생님의 시비(詩碑)가 생각났기 때문이다.

그 시비는 지난해 어린이날 청소년들의 귀감이 될 수 있는 광진구 시(詩) 문화 보급에 기여하신 그분의 업적을 기리고자 제막된 것이다.

그 제막행사에서 지팡이에 의지한 걸음걸이가 다소 불편해 보이신 선생님은 트레이드마크가 되다시피 한 헌팅캡을 쓰고 "여러분 마음속에 시를 담기 바란다. 시가 마음속에 살아 있는 한 우리나라는 병들지 않는다."는 인사말을 남겨 주었다.

그렇다. 언제나 온화한 미소를 지은 그분은 맑고 티 없는 세상에 대한 염원으로 사랑과 평화를 늘 노래해오지 않았는가. 위대한 시인과 좋은 시가 있는 세상은 결코 병들지 않으며 빛을 잃지 않을 것이다.

선생님은 수년전 나의 출판기념회에 참석하여 축사도 해주셨고 또 내가 살고 있는 지역 '광진 광장' 에 시비 제막식이 있었으니 만사를 제치고 그 행사에 참석했다. 그리고 축사 의뢰도 있어 "순수한 소년의 마음을 간직하신 아흔 셋이신 선생님께서는 헌팅캡을 쓴 영원한 문학 소년이십니다."라는 나의 축하에 빙그레 웃음을 띠면서 고개만 끄덕 끄덕 하셨던 분이시다.

마지막으로 '영혼 소리꾼' 장사익 선생님이 자기 혼이 실린 목소리로 '봄날은 간다', '귀천', '찔레꽃' 을 열창하면서 그날의 시비 제막이 막을 내렸다.

찬란하여라
서울의 아침이여

심성이
세계의 문을 여는가
광진 하늘의
빛나는 태양이여

여기 우리는
보고 있거니
세계의 문이 열리고
백억의 눈들이
응시하는

아! 서울 서울이여

아차산성은
우리들의 자랑
역사로 끝남이 아니다
영원이 살아
내일을 꽃피게 한다

광진구여
빛으로 영원하라
여기는 아침이 가고
밤이 오는 곳이 아니다
영원한 아침뿐이다.

고구려가 멸망한지도 1343년이 흘렀건만 그때 쌓았던 아차산성과 광진구의 역사적인 인연을 떠올리며 쓴 위의 시 '광나루' 가 그 시비에 새겨져 있다.

그날 나는 키 작은 단풍나무 다섯 그루가 에워싸고 있는 듯한 그 시비 앞에 서서 선생님의 시 '광나루', '어머님의 아리랑', '너의 창에 불이 꺼지고', '오렌지 향기는 바람에 날리고', '한강', '옛날과 물푸레나무', '별이 뜨는 강마을에', '촛불', '등대지기', '별을 캐는 아이', '어머니' 를 들으면서 그분의 정정한 시혼(詩魂)이 다시금 느껴졌다.

누구든지 '광나루' 가 새겨진 그 시비에 가면 황금찬 시인의 시를 언제든지 감상할 수 있게 되어 있다. 시비 우측 아래쪽에 있는 시 번호 버튼을 누르면 그분의 대표 시 11편이 자동으로 흘러나온다.

내가 이 세상에 태어나던 바로 그 해에 문단 데뷔를 하신 선생님은 한국 문단에서 가장 연세가 많은 최고의 원로 시인이시다. 노년에 이르러서도 '문학은 한평생 하는 것이다' 면서 아직도 하루 종일 시를 쓰신다는 그분은 38권의 시집과 24권의 산문집을 내었다고 했다.

무엇이 이 노(老) 시인으로 하여금 문학에 대한 열정을 그토록 갖게 했으며 또 그토록 글쓰기에만 모든 것을 바치도록 했을까. 그것도 사랑과 평화, 순수와 낭만, 인간주의가 조화롭게 녹아있는 서정시들만 쓰신 이유가 무엇일까.

창을 열어 놓았더니
산새 두 마리 날아와
반나절 마루에 앉아
이상한 이야기를 나누다가
날아갔다.
……
오늘도 나는
창을 열어 놓고 있다
산새를 기다리는 마음에서.

일부만 인용해 본 이 시는 성자(聖者)의 소리를 남기고 간 산새가 다시 찾아오기를 기다린다는 선생님의 시 '산새' 이다.

그분은 사랑하는 딸을 먼저 보내고 난 후의 슬픔을 '산새' 란 시로 노래하면서 달랬을 것이다. 그 얼마나 그런 아픔과 슬픔이 컸었기에 이를 사랑과 평화로 승화시키기 위해 그렇게 시작(詩作)에만 모든 것을 바쳤는가를 짐작할 수 있다.

인간의 삶은 어느 누구도 냉정히 들여다보면 겉보기와는 다르게 슬픔 속에 살고 있을지도 모른다. '삶은 슬픔일 수도 있다' 고 말하는 선생님의 얼굴엔 역설인양 언제나 평화스런 미소가 담겨져 있다.

삭막한 도시 생활에서 좋은 시를 듣고 자신을 되돌아보게 하는 '황금찬 시인의 시비' 가 내가 살고 있는 광진구에 있어 그 의미가 더 깊고 크게 느껴진다.

한국 문단을 빛낸 그분의 '시비' 에서 울려 퍼지는 시 노래가 모든 이들에게 다시 울려 퍼지기를 기원해 본다.

문인은 죽을 때까지 글을 읽고 써야 한다는 걸 깨닫게 해 주신 선생님은 내 마음을 당신에게 전한다는 '하늘' 이란 시를 써서 오래전에 나에게 보내 주셨기에 여기 일부 소개해 본다.

해를 따라
구름을 따라
길 아닌 길을 더듬어 가면
협스걸 호수
그 맑고 빛나는 물기슭에
열두 번쯤 닦은 얼굴의

달이 앉아 있다.

……

가고 오는 허공이 멀다고 하지만
내 마음은 그대 안에 있고
그대 또한 내 마음 안에
있어라.

유난히 겨울연가 좋아했던 그대들이여!

슬픔과 비탄에 잠겨있는 일본인, 그대들이여!

지금 그대들이 맞고 있는 대재앙 앞에 우리만이 아니라 지구촌의 모든 사람들은 말과 넋을 잃고 있다.

우선 글을 쓰는 한 사람으로서 심심한 위로와 격려의 마음을 전해 드린다.

오늘의 이 비극은 그대들만의 비극이 아니라 언제 어느 나라에서도 닥칠지 모를 지구촌의 재앙이다.

전후의 그 황막한 잿더미 속에서도 분연히 일어선 그 용기, 그 저력을 우리는 익히 알고 또 그것을 믿고 있다.

겨울연가를 유난히 좋아했던 그대들이여!

부디 부디 용기를 잃지 말고 '내일은 내일의 태양이 다시 뜬다' 라는 격언을 거울로 삼아 주기를 간절히 기원한다.

오늘의 그 슬픔을 딛고 다시 일어설 수 있도록 끝없는 성원을 보내 드린다.

장충동 그 족발집을 그려보며

지금도 장충동에서 식사 약속이나 술 한 잔 할일이 있으면 오래전부터 이용했던 그곳 P 족발집을 즐겨 찾는다.

그 집을 처음 갔을 때 당연히 보여야 할 종업원은 보이지 않고 비슷한 나이 또래의 할머님 세 분만이 우의가 돈독한 자매처럼 한 자리에 모여 있었다.

'여기 종업원 안 계십니까' 라는 말에 한 할머님이 다소곳하게 주문받으려 와서는 '중(中)자면 되겠네요, 술은 소주지요' 하고서는 돌아선다.

탁자위에 놓인 먹을 것에만 관심을 두고 있던 일행과는 달리 나는 커다란 '황금돼지 저금통' 앞에 앉아 있는 그분들을 힐끔 쳐다보곤 또 쳐다보았다.

아무리 살펴보아도 의기투합한 동지 내지 동업자로밖에 보이질 않았다.

나중에 알게 되었지만 소일거리를 찾고 있던 할머니 두 분에게 일을 할 수 있는 기회를 제공하여 함께 고락을 하고 있다는 것이다.

요즘 대부분 식당에서는 중국 교포 출신 젊은 여성들을 고용하는데, 그 식당은 오히려 주종관계의 별다른 차별도 없이 노인들을 고용하고 있어 나를 감동시켰다.

내 짐작으로 그 식당 주인 할머님의 노인들에 대한 그런 적극적 배려는 요즘 보기 드문 사려 깊은 일인 양 느껴져 그 점이 매우 존경스러웠다.

장충동에 소재하고 있는 동국대 대학원 북한학과에는 탈북자 출신 학생들이 적지 않게 다니고 있는데 나는 가끔 그들과 함께 그 족발집을 찾곤 한다. 그들은 돼지 족발을 유난히 좋아했다. 신기한 일은 '고기도 먹어본 사람이 많이 먹는 법' 인데 북한에서는 족발을 먹어본 적이 없다면서도 사실은 너무 맛있게 잘 먹는 것이다. 족발을 북한에서는 '돼지 발쪽' 이라고 부른다고 한다.

평소에 딱딱하고 굳은 표정인 그들이 돼지 족발 접시만 앞에 놓이면 금세 싱글벙글이다. 나는 그런 분위기가 좋아 집으로 돌아가는 그들의 손에 대(大)자 족발이 든 검은 비닐봉지 하나씩을 손에 쥐어주곤 했다.

우리나라에서는 평범한 시민이면 누구나 돼지 족발 음식을 즐길 수 있는데 비해 북한은 그렇지 못한 것 같다. 족발의 원조가 아마 북한의 평안도였기에 장충동 족발 골목에는 '원조 평안도 족발집' '원조 중의 원조 평안도 족발집' 이란 간판이 여기 저기 보이는 것 같다. 그렇다면 정작 그들은 북한이 원조인 돼지 족발 구경을 거의 하지 못한 것처럼 보였다.

그래서인지 가령 수년 전 대구 하계 유니버스 대회에 참가했던 북한 선수단 숙소에서 악취가 나서 확인해 보니 부패되어가는 돼지 족발이 발견되었다고 했다.

사연인즉 북한 선수들이 자기 가족들에게 주기 위해 그 족발을 다 먹지 않고 남겨 보관해 두었다가 그 지경이 되었다는 것이다.

사실 나는 동물들을 좋아하는 편이지만 돼지는 아예 싫어했으니 그 고기류도 물론 좋아하는 편은 아니었다.

그런데 어느새 장충동 그 집을 자주 찾게 되다 보니 족발에 내 입맛이 길들여졌고 또 할머님들의 그 훈훈한 인정도 입맛을 돋우는데 한몫 단단히 했다.

이왕 족발 이야기가 나왔으니 돼지에 관한 이야기를 좀 할까 한다.

인류 역사상 돼지는 종교적인 이유 때문에 다른 동물들에 비해 온갖 수모와 천대를 받아 온 불운한 팔자였다고 한다.

이슬람교, 유대교, 힌두교는 종교적 신념에 따라 돼지고기를 먹지 않는다고 한다.

이슬람교도들은 가축 가운데서 가장 성질이 탐욕스럽고 불결한 동물이라고 여겨 돼지고기를 먹는 사람과는 그릇도 함께 쓰지 않는다고 한다.

유대교도 역시 돼지고기 식용을 금하고 있다고 한다. 구약 레위기 11장과 17장에는 음식에 관해 규정한 기본 원칙들을 정해 놓고 있는데, 그들은 이 원칙을 수천 년간 지켜 오고 있다.

동물들 중에서 먹을 수 있는 동물은 발굽이 갈라져 있음과 동시에 되새김질 하는 것에만 한정되어 있다.

그래서 돼지는 발굽은 갈라져 있되 되새김질을 하지 않아 먹을 수 없으며 반대로 토끼는 되새김질은 할 수 있으나 발굽이 갈라져 있지 않기 때문에 못 먹게 했다고 한다.

구약의 관습에 따라 탐욕스럽고 가장 불결한 동물로 취급 받아온 돼지에 대한 이런 음식 규례는 신약 이후도 상당기간까지 유습처럼 준수했었다고 한다.

서양의 기독교 문명국가에서도 돼지고기로 만드는 소시지나 햄이 일반화되기 전까지는 아마도 돼지는 가장 천대받는 금기시 된 동물이었을 것이다.

그런데 이처럼 가혹한 박해와 괄시를 받아 온 '밉상돼지' 가 시대가 변하고 환경이 바뀌어 어느새 식탁 위에서 사랑을 받는 '효자돼지' 가 될 줄이야 누가 알았겠는가.

또 간밤에 '돼지 꿈' 을 꾸며 행여 무슨 횡재수가 있을까 하는 기대감에 부정 타지 않게 아무도 모르게 복권을 사게 만드는 '복 돼지' 도 있지 않은가.

이러고 보면 돼지는 실로 우리 인간에 가장 가까이 있으면서 건강과 행운을 가져다주는 고마운 동물임을 새삼 느껴 본다.

인간의 삶에서 가장 기본적인 욕구를 충족시켜주는 먹을거리는 오랜 세월을 거치고 거치면서 개발되어 왔을 것이다. 북한 지역이 원조인 족발 음식이 6·25전란 와중에 월남한 이북 사람들에 의해 서울 장충동의 명물로 자리 잡고 있다고 한다.

그 옛날 천동설만 오로지 믿었던 중세의 종교적 신념에서 지동설을 수용한 코페르니쿠스적 전환처럼 지난날 종교적 신념에서 천대받던 그 돼지의 그 족발로 오늘도 많은 사람들에게 웃음과 건강을 선사하고 있을 족발집의 그 주인 할머님과 그리고 같이 일하고 계시는 두 분 할머님의 그 따스한 마음이 다시금 존경스럽게 느껴진다.

난 화단의 꽃 아닌 진흙탕 속의 꽃

흔히 정당 대변인은 그 정당의 '꽃'이요 '입'이라 하지만 사실 그동안 나의 경우는 화단의 꽃이 아니라 진흙탕 속의 꽃이었고, 또 다른 비유로 말해 달콤한 꿀이 아니라 쓰디쓴 약만 먹어대는 입이었다.

이 말은 짧지 않은 지난 2년을 회고하며 정들었던 국회 정론관을 떠나면서 남긴 만감이 서린 나의 말이요 심정이었다.

그렇다. 시작부터 그만둘 때까지 확실한 것은 보이지 않고 안개 속 같은 종잡을 수 없는 상황 그 자체였다.

너무 힘들고 외로웠다.

처음의 기대와는 달리 시간이 갈수록 내가 속했던 그 정당의 집은 지진을 만난 듯 더 흔들리기 시작했다.

그런 가운데서 발표했던 적지 않은 국민에 대한 약속들이 지켜지지 않거나 뒤집어지기 일쑤였다. 처음엔 화가 나고 자존심도 상했지만 참고 이해하려고 애를 써보기도 했다. 그러나 마음이 차츰 멀어지면서

회의도 들었고, '정치가 곧 망치가 될 수도 있다' 라는 말이 자꾸 떠올랐다.

비록 지금은 성경 속에 나오는 탕자의 심정으로 다시 고향으로 돌아와 있지만, 그 당시는 국민의 자존심만 훼손시키고 말의 불씨만 여기저기 뿌리고 있지 않나 싶어 때론 자괴심이 들 때가 한두 번이 아니었다.

이제 다시 생각해 보니 그 당시의 나의 경험은 좋건 궂건 좋은 인생 경험이었고 좋은 정치 경험이었다고 자위해 본다.

풀처럼 살다간 약수터 할아버지

나는 새벽 등산을 좋아한다. 하산 길에는 시원한 물맛을 보기 위해 꼭 약수터에 들른다.

그곳에서는 들어볼만한 삶의 이야기나 시국담이 오가고, 등산길에서 스친 사람들과도 허물없는 웃음을 나누기도 한다. 모든 것을 포용하는 자연의 특성 때문인지, 낯선 사람일지라도 몇 마디 대화가 오가면 이내 지기가 된 듯한 기분이 든다.

지금은 광진구에 있는 아차산을 찾지만, 이곳으로 이사 오기 전까지만 해도 강남구의 대모산을 매일 새벽 오르다시피 했다.

그간 스스로를 돌아볼 겨를도 없이 앞만 보고 달려온 것 같다. 어느새 지천명(知天命)의 나이가 되고 보니 '인생은 과연 무엇이며 삶은 무엇인가, 나는 어디에서 와서 어디로 흘러가는가?' 라는 삶의 원초적인 회의가 들기 시작했다. 한 해가 얼마 남지 않은 때라 그런지 생각이 많아지며, 대모산 약수터 할아버지 모습이 순간 떠올라 다시 찾아가 보았다.

약수터 옆에 세워진 작은 비석 앞에 서서 비석의 글귀를 다시 읽어 본다.

'먼 훗날 누가 약수터의 유래를 물어 보면, 풀처럼 살다 간 광산(光山) 김옹귀거래(金翁歸去來)라오. 이름은 기억하지 못해도 쉬어 가소.'

다리가 불편한 할머니를 힘겹게 돌보면서도 항상 웃음을 잃지 않던 약수터 지킴이 김계수 옹이시다.

살아생전, 이른 새벽에 산을 찾은 나를 언제나 멀리서 먼저 발견하고는 어서 오라고 손짓하곤 했다. 이 세상에서 언제까지나 대화 친구로 정을 나눌 수 있을 것 같았던 그분은 몇 해 전, 비석의 글귀처럼 풀처럼 살다가 바람처럼 저 세상으로 떠나셨다. 참 허망하다.

일순 목안이 아려오며 눈시울이 뜨거워진다. 처음에 산을 찾아 즐거워하는 많은 사람들에게 손수 약수터를 만들어 약수를 제공하고, 환자였던 할머니를 보호하며 행복해 하시던 할아버지다. 그런데 불행은 심보가 나쁜 누군가에 의해 무허가 건축물 신고로 인하여 산속 보금자리를 철거당하면서부터 시작되었다.

산속에서 사는 까닭을 물으면 "산에서 만나는 전 선생 같은 사람들이 좋아서"라고 말했다. 하지만 실상은 자식에게 부담을 주지 않기 위해 기거하는 것쯤은 그분의 슬픈 얼굴 표정에서 능히 감지가 되었다. 남들 눈에는 하찮게 보이는 움막이지만 10년 넘게 몸담아 온 정든 집을 강제 철거당해야만 했던 그때의 심정이 얼마나 고통스러웠을까.

처음 약수터를 만들 때 쓸데없는 짓을 한다고 등산객들의 손가락질과 질시를 받았다고 한다. 하지만 척박한 곳에다 손수 손질하고 정성을 쏟아 약수터의 모양새를 만들었노라고 자랑스럽게 얘기했다.

그분을 위하여 내가 한 일 중 하나를 돌이켜보면 정말 잘했다 싶은 생각도 든다. 지난날 언제였던가, 산에서 반갑게 만났을 때 그분은 하나의 징표로 자신의 비석을 세우고 싶어 했다. 나는 약수터 회원들을 설득하여 아담한 표징석을 세워 드렸다.

그날 아주 행복해하면서도 수줍어하던 할아버지 모습이 떠올라 내 마음이 조금이나마 위로가 된다. 내 인생의 여정에서 보람된 일이라 여겨졌고, 약수터 봉사를 크게 하신 그분께 행복을 안겨 드렸다는 점에서 나는 큰 위안을 얻을 수 있었다.

그 당시 약수터 회원들은 평균 나이 60세 이상인 연로한 분들로 구성되어 있었다. 나이로 보아 나는 회원 자격이 없었다. 가을에서 겨울까지 약수터 주변에 밤새 수북하게 쌓인 낙엽을 매일 쓸고 청소한 지 수개월이 지나자 준회원 자격을 얻을 수 있었고, 새벽 약수터 모임에도 참석할 수 있었다.

한겨울 나는 낙엽 쓸기 담당이었고, 할아버지는 약수터 주변에 쌓인 눈 쓸기를 도맡아 했다. 산에 오를 때 약수터 주변이 깨끗하지 않고 눈이 쌓여 있는 날이면 할아버지가 전날 과음했다는 증거였다.

그런 날이면 나는 어김없이 그분의 대빗자루로 눈을 쓸어 나갔다. 숨고르기가 필요할 만큼 힘든 일을 그동안 할아버지는 만족스러운 표정으로 그 많은 눈들을 즐겁게 치우곤 했다.

어느 일요일 오후, 할아버지는 약수터에서 손수 타 온 커피를 들며 자신의 이야기를 털어놓았다.

약간 취기가 있었지만 단호한 모습으로 "전 선생, 나 고향 고창에서 올라올 때 참 비참했소. 다시는 고향을 찾지 않을 거야" 하며 먼 산을 바라보던 그 모습이 아직도 눈에 선하다. 다시는 고향을 찾지 않겠다던 할아버지가 결국 정착할 곳을 더 이상 찾지 못하고 슬픈 낙향을 했을 때, 고향의 냉담한 시선을 어떻게 감내하셨을까.

생각이 여기에 미치자 나는 갑자기 숨이 차고 가슴이 서늘해졌다.

바쁘고 고된 오늘을 살아가고 있는 우리에게 인정의 샘을 선물하고 고향에서 돌아가신 할아버지는 분명 우리에게 무언가 어떤 교훈을 준다고나 할까. 언젠가 나도 하늘나라로 돌아갈 것이다. 과연 나는 무슨 흔적을 남기고 이승을 떠날 것인가 싶으니 마음이 수수롭다.

우리가 세워드린 비석을 어루만지며 할아버지가 남겨두고 간 따뜻한 인정의 체온을 다시 한 번 느끼며 하늘나라의 약수터에서 다시 만나기를 희망해 본다.

정치의 덧없음을 되돌아보며

2년 전 일이다.

그 어느 때보다도 요즘 정치의 허무감을 느끼고 또 느꼈다. 평소에도 정치적인 주요 사건만 일어나면 그런 점을 종종 느낀 적도 있었는데 더욱이 내가 직접 곁에서 지켜 본 일들이라 더욱 그랬다.

그 일의 주인공은 자신에 대한 최종 재판을 코앞에 두고 있었다. 누구나 그렇겠지만 자신이 직접 겪어보지 않고서는 다른 사람의 그 아픔을 감히 상상할 수 있겠는가 싶다. 그나마 지근한 거리에 있었기에 그의 아픔과 고뇌를 생생히 읽어볼 수 있었다.

그는 최종재판 바로 직전의 얼마 기간 동안은 마치 햄릿이 '죽느냐 사느냐 이것이 문제로다' 라고 독백했듯이 그에게도 정치적으로 죽느냐 사느냐는 바늘방석 같은 그 갈림길에 서 있었다.

짐작컨대 그는 짧지 않은 세월의 정치인생을 돌아보며 자성의 계기도 삼고 또 한편 어떤 어려움이 닥칠 때 그것을 어떻게 이겨낼 수 있었던가 하는 지혜와 용기를 얻기 위해 몇몇 조선조 왕릉을 며칠에 걸쳐서 참배를 한 적이 있다. 그 중에서도 아직도 내 기억 속에 인상적으로 남아 있는 한 가지 일을 소개해 볼까 한다.

경기 여주에 있는 조선 4대 세종(世宗)과 비 소헌왕후(昭憲王后) 심 씨의 합장 능인 영릉(英陵)을 찾아갔을 때의 일이다. 그 능 앞에 선 그의 참배 모습이 그 당시로는 보기 드문 가장 밝은 표정이었다.

"이 능에 참배하면 모든 일이 잘 이루어집니다. 대통령도 됩니다. 보세요, DJ나 어느 다른 후보도 이곳을 참배하고 나서 대통령이 되지 않았습니까."
라고 일행 중 한 명이 그의 기(氣)를 살려주려는 덕담을 던져 그도 우리 일행들도 모두 한바탕 크게 웃었다.

하지만 그런 덕담의 돌아온 결과는 감옥행(?)으로 낙착(落着)되고 말았다. 불과 한순간에 영욕의 30여 년간 정치 인생이 처참하게 무너져 내리고 말았다.

〈로마의 휴일〉 중 "삶이란 것이 자기 뜻대로 되는 것은 아니죠(Life isn' t always what one like)"란 주인공 죠의 말처럼 정말 한치 앞의 삶을 내다볼 수 없는 것이 바로 우리 인생이 아닌가 싶었다.

정치 노장인 그도 감옥으로 들어가기 직전 끝내 어린 손자 앞에서 눈물을 감추지 못했다.

아마 그는 흰 손수건으로 자신만의 정치 허무감과 절망감을 묻어내고 있으리라 보았다.

'정치무상(政治無常)' 을 절절히 느꼈을 그는 어쩔 수 없는 외롭고 나

약한 한 인간으로서 '권력이란 비정한 생리를 갖고 있다' 는 마키아벨리의 말을 다시 한 번 떠올렸을 것이다.

그리고 얼마 후 어둠이 내리는 자락을 따라 그는 드디어 서울 구치소에 도착했다. 차에서 내리는 순간 나를 향해 손을 흔들어 보였지만 그의 눈은 시종 감겨져 있었다.

쿵하는 철문의 소리와 함께 이승과 저승을 가르듯 그의 모습은 순식간에 사라졌다. 나는 갑자기 실체 없는 실루엣을 보는 것처럼 눈앞이 흐릿해졌다.

술 한 잔에 거나하면 그가 즐겨 부르던 '사랑과 인생' 이란 노래 가사 중 '누가 내 마음을 알아주리라' 는 말이 나의 귀에 환청처럼 들려왔다.

나는 '언젠가는 세월이 알아주겠지요' 하고 자위하는 독백을 남기면서 참 씁쓸히 돌아섰다.

순간 정치란 참 무상(無常)하다는 생각이 들었다. 어느 누가 정치를 빗대어 '화무십일홍(花無十日紅)' 이라고 했던가. 그리고 또 '권불십년(權不十年)' 이라고 했다던가.

정치란 승자만 살아갈 수 있는 정글처럼 보이지만 우리나라 정치에서 살아남는 자와 죽는 자의 차이는 손바닥 뒤집기 정도에 불과하다는 생각을 해보았다. 특히 이번 일을 지켜보다 보니 더 크게는 우리 현대 정치사에서 명멸해간 역대 대통령들의 크고 작은 불행도 한번 되짚어 보기도 했다.

초대 이승만 대통령의 망명, 최초로 법정에 선 윤보선 대통령, 박 대통령의 불행한 서거, 전 대통령과 노 대통령의 감옥행, 양 김 대통령 아들들의 줄줄이 이은 감옥행, 노무현 대통령의 자살 서거와 같은 일련의 불행한 사건들이 떠올랐다.

전직 대통령들이 하나같이 불행한 일을 당하고 맞이한 것은 사안에 따라 약간의 차이야 있겠지만 크게 보면 정치적 반대편을 끌어내리려는 준 심판적 극단의 후진 정치 문화에서 기인하지 않았나 싶다고 생각해 보았다.

지금 그때의 그 일을 되돌아보면 누가 대통령이 되건 정치인이 되건 한국 정치판에서 온전하게 살아남을 사람은 아마 밥에서 뉘 골라내기 정도가 아닐까 싶다.

우리의 후진 정치 문화를 반성해 보면서 불행한 권력의 악순환에서 벗어나기 위해 역지사지(易地思之)라는 미덕을 생각해 보아야 하리라 본다.

이 세상에는 우리가 알지 못하는 숱한 가려진 이야기가 많을 것이다. 정치권에서는 더욱 그럴 것이다. '털어 먼지 안 나는 사람 없는 법' 인데 정치권력을 쥐고 있는 그들의 마냥 깨끗한 채 하고 있는 독선이 결국은 정치 악순환을 자초하고 있는 것 같다.

한 예로 누구나 살아가면서 자기 눈의 시력이 좋아지기를 다 바란다. 만약 하늘 높은 곳에서도 물속의 고기를 볼 수 있는 독수리눈을 가졌다고 가정해 보면, 우리 앞에 차려진 맛있는 음식물일지라도 아예 먹지 못할 것이다. 겉으로는 맛있게 보이지만 그 음식 속에는 박테리아나 기타 우글거리는 더러운 것이 보이는데 어떻게 먹겠다고 손이 가겠는가.

한마디로 이런 예화(例話)를 우리 인생사나 좁게는 정치권에서도 교훈으로 삼아야 하리라고 본다. 그래야만 이해와 화합과 관용이 들어설 자리가 만들어지리라 본다.

칭기즈칸의 죽음과 무덤의 비밀

어느새 텅 비어버린 사무실에 혼자 남아 커피 한 잔을 뽑아들고 창가에 기대어 섰다. 고개를 들어 창밖을 바라보니 끝도 없이 펼쳐져 있는 서울의 야경이 한 눈에 들어온다. 지금 내려다보고 있는 서울의 수천 배도 넘는 광활한 초원을 호령하며 달렸을 칭기즈칸이 문득 떠올랐다.

아직도 그 나라에 첫발을 내딛었던 순간을 인상적으로 기억하고 있다. 우리나라의 웬만한 지방도시 공항보다도 작은 것 같은 그 공항에 그의 거대한 초상화가 당당하게 걸려 있었기 때문이다. 실제로 그 나라를 돌아보면 칭기즈칸이 800년 전 사람이었다 라는 사실이 무색해질 만큼 그에 대한 후손들의 존경심이 얼마나 크고 깊은지를 누구나 느낄 수 있을 것이다.

작금의 이 세계는 인류학자들이 이구동성으로 '칭기즈칸이 이룩하고 번영을 누리던 시대로 되돌아가야 한다' 라고 외치고 있다. 더 이상은 아무도 지식과 정보를 독차지할 수 없으며 새로운 지식과 기술, 정보를 찾아 나서지 않으면 안 되는 21세기 유목이동 시대가 도래했음을 인정한 것이다. 10여 년이라는 짧은 시간 동안 일약 세계적인 CEO가 된 손정의, 빌게이츠 등이 바로 이러한 유목이동문명의 도래를 누구보다도 일찍 발견하고 그 문명 진화의 선두에 나섰던 사람들이다.

사실 칭기즈칸, 당신의 삶 속에서 우리는 21세기를 지배할 유목이동 마인드 전형(stereotype)의 귀감을 찾을 수가 있다. 당신이야말로 13세기 당시의 강력한 농경정착문명을 밀어내고 인류 역사상 최초로 유목이동문명의 지배시대를 연 인물이기 때문이다. 특히 당신이 이룩한 유럽에서 아시아에까지 이르는 광활한 영토는 유목이동문명에 의한 최초의 글로벌 체제, 이른바 지구촌의 효시였다.

고난과 시련 속에서 시작해 천하를 호령하게 되기까지 당신의 삶에 대한 이야기들은 힘없고 가난한 수많은 약자들에게 희망이 되고 있다. 그것은 오늘날 손정의나 빌 게이츠 등 벤처시대의 성공한 사람들에게로 이어지고 있다. 약자도 강자가 될 수 있다는 것과 창의와 아이디어, 기술을 가지고 변화에 적극적으로 대응하는 유연성이 있다면 이를 무기로 크게 성공할 수 있다는 것이 칭기즈칸과 벤처시대 영웅들의 공통된 이야기다.

그는 일찍이 아버지를 잃고 몇 번이나 죽을 고비를 넘기면서도 그 모든 고통과 시련을 끝까지 인내했다는 것, 비록 글은 몰랐지만 다른 사람의 말을 경청할 줄 알았기에 뛰어난 전략으로 세계를 제패했던 것, 자신의 부하들을 '부하'가 아닌 '동지'로서 평생 자신과 동등하게 아끼고 배려했다는 등등의 이야기들은 이미 너무나도 잘 알려져 있는 지라 구태여 더 설명이 필요치 않으리라 본다.

그런데 한 가지 그의 삶을 가만히 들여다보면서 이해가 되지 않는 부분이 있다. 바로 그의 '죽음'에 대한 것이다. 1226년 부인 이쉬이를 데리고 탕구트로 마지막 원정을 떠난 후 이듬해 8월 즈음 전사했고, 극비리에 고향으로 운구 되어 어딘가에 묻혔다는 정도가 그의 죽음에 대해 알려진 정보 전부이다. 심지어 그의 죽음을 비밀로 하라는 유언 때문에 장례행렬 도중에 만났던 사람들은 모두 죽였다는 일화는 다소 충격적이기까지 하다.

그토록 천하를 호령하고 지나가는 길의 산천초목마저 떨게 했다는 칭기즈칸이 왜 죽음에 대한 모든 것을 비밀에 부치고 떠났을까? 기록에 그의 공식적 매장지는 '아마브르한 할둔산(山)'으로 되어 있지만 매장 당시에 금단의 구역으로 지정했기 때문에 오늘날에도 여전히 그가 잠들어 있는 장소는 아무도 알지 못하고 학자들 사이의 의견만 분분할 뿐이다.

무엇인가가 두려웠던 것일까? 실제로 그가 이루어낸 그 대제국은 침입 받는 민족의 눈물과 피와 희생이 있었기에 가능했으니 그의 무덤이 어딘지 알려져 있었다면 그곳은 희생당한 민족의 복수로 온전치 못했을 가능성도 있었지 않았나 싶다.

하지만 나는 용맹하고 호탕했던 당신이 한갓 그런 복수를 두려워했을 거라고는 생각지 않는다. 평생을 바쳐 일궈낸 대제국이 당신의 죽음으로 분열되고 무너지는 것을 더 두려워 극비에 부친 것은 이해가 되지만 무덤의 장소까지 극비에 부친 것은 아마 다른 이유가 있으리라 본다. 즉 당신이 직접 만든 그 새로운 세상을 남들이 볼 수 없는 곳에서 영원토록 지키고 싶은 마음 때문에 그렇게 한 것이 아닌가 싶다.

당신이 이 세상에 다시 현신(現身)하여 그 비밀을 직접 말해주지 않는다면 영원히 풀지 못할 수수께끼로 남아 있을 것이다. "하늘에는 영원한 하늘의 신이 있고, 땅에는 유일한 칭기즈칸이 있다"라는 그들의 말처럼 당신이 앞으로도 계속 우리의 가슴 속에서 살아 숨쉬며, 21세기 세계가 나아가야 할 올바른 길을 제시해 줄 것이다.

빗속 산행에서 다시 찾은 어머니

오늘도 나는 어머니와 함께 산에 오른다. 거동이 불편하여 집에 계신 어머니를 가슴에 품고 계단을 오른다.

병풍처럼 둘러쳐져 있는 아차산의 넓고 큰 바위들을 보노라면 어머니의 강인한 의지가 느껴지고, 빼곡히 들어선 울창한 숲은 어머니의 넉넉한 가슴 같고, 산새들의 지저귐은 어머니의 따듯한 음성인양 아침 산행은 보석처럼 느껴진다.

거북등처럼 주름이 잡힌 바위들을 지나서 푸른 숲이 가슴을 열고 있는 산허리에 도착했다. 어머니의 잔잔한 미소 같이 바람에 흔들리는 나뭇잎들은 밝게 웃는 어머니의 웃음처럼 들려온다.

어머니는 95년 전 이공(李公) 선생의 차녀로 태어나 아버지와 연분을 맺고 전씨(全氏) 문중의 대종가 맏며느리로서 시부모는 물론 7남매의 시동생과 시누이를 친히 봉양하셨다.

당신 슬하의 우리 육남매를 한 집에서 부양해 오신 대가의 대모로서, 슬하 부양가족 13명 모두가 사회에 입성하여 성공할 수 있도록 헌신적인 사랑을 쏟으신 분이다.

시부모님께도 정성을 다한 효부였으며, 어려운 이웃에 대한 인간적인 배려도 아끼지 않으셨다.

안개가 산허리를 휘감고 있는 아차산은 아름다운 자태로 새벽 산을 찾은 이들을 반갑게 맞이하고 있다. 그 속엔 어머니도 동행해 계신다. 가만히 떠오르는 어머니의 인자하신 모습 속에 지난날의 추억이 진하게 가슴을 적셔온다.

유난히도 장마가 길었던 어느 여름의 새벽산행 기억이다.

깊은 산속에서 갑자기 굵은 빗줄기와 함께 비바람이 거세게 휘몰아쳐 대부분의 사람들은 산행을 포기하고 하산하고 있었다. 그런데 먹구름과 굵은 빗줄기 사이로 어머니가 나와 동행하고 계심을 깨달았다. 하늘같은 어머니의 사랑이 나를 지켜주고 계셨고, 평소 '할 수 있다'는 강인한 정신을 심어 주셨기에 비가 억수같이 쏟아지는 그 빗속 산행도 포기하지 않고 끝까지 정상에 오를 수 있었다.

그곳에 오르고 보니 연만하실 대로 하신 어머니를 내가 봉양해 드리는 것이 아니라 아직도 어머니가 나를 사랑으로 돌보고 계심을 깨달았다.

혹 표범이 그 얼룩점을 바꾸는 일이 일어날 수 있을는지는 몰라도 이 세상 어느 어머니도 자기 자식에 대한 사랑이 식거나 변하는 일은 결코 일어나지 않을 것이라 생각해 보았다.

그런데 나는 무슨 큰일을 한답시고 밖으로만 돌며 누워계시는 어머니를 제대로 지켜드리지 못한 부끄러운 마음을 떠올려 보며 그 산행을 통해 비로소 잃어버린 당신을 다시 찾게 되었다.

어머니와 내가 지금 오르고 있는 아차산의 모습은 예나 지금이나 내 마음속에 그대로인데, 어머니는 앙상한 다리와 사위어진 모습으로 휠체어에 몸을 맡기고 있다. 인자한 미소와 음성도 사라지고 유아기의 지능을 지닌 치매상태로 계신다.

불효한 마음을 좀 달래려고 조석으로 문안을 드릴 때마다 세월의 무상함을 느낀다. 현재의 저 모습은 결코 내 어머니 모습이 아니다. 그러나 아직도 초롱초롱한 눈망울 속에는 당신을 희생하며 살아오신 '촛불의 정신' 이 가득 담겨져 있다. 적어도 내 마음 속에는 '한국의 대표적인 여인상' 으로 각인되어 있다.

산행을 끝내고 내려오는 하산 길은 경쾌하다. 그동안 잠시 잊고 지냈던 잃어버린 내 어머니를 지난날 이 아차산의 빗속 산행에서 다시 찾게 된 일은 평생 잊혀지지 않을 소중한 추억으로 남아 있다.

세상 욕심을 잠시 내려놓고 어머니의 사랑을 깊이 생각하며 하산하는 이 순간이 그 어떤 때보다도 행복하게 느껴진다. 어느 문학 행사에서 내가 한 말이 생각난다.

러시아의 대문호 톨스토이의 작품에 나오는 농부 '파홈' 이야기를 하면서 주인공은 한 뼘이라도 더 많은 땅을 차지하고 싶은 욕망에 허덕였지만, 결국은 자신의 관을 뉘일 수 있는 단 한 평의 땅 밖에 차지하지 못한 것을 예를 들면서 인간 속에 내재한 욕망의 허무를 힘주어 말한 바 있다.

언젠가는 영면하실 그날까지 정성을 다해 편히 모시겠다는 생각으로 하산한다. 어느 누구라도 포용해주는 아차산의 넓은 사랑과 은혜로움이 더 아름답게 느껴진다. 내 삶도 새롭게 해주는 이 산의 모습이 더욱 든든하고 크게 보이는 순간이다.

내일은 내일의 태양이 다시 떠오른다

2, 3년 전 일이다.

국회도서관 주변의 나무들이 첫돌을 맞는 아이처럼 기지개를 켜고 엷은 미소로 먼저 눈인사를 한다. 아, 저들은 벌써 봄을 맞아 내게 밝은 봄소식을 전하고 있구나 싶다. 나에게도 과연 봄은 오고 있는 것일까.

그냥 지나쳐 오기에는 너무나 반가운 상대이고, 어찌 보면 그동안 나와 애환을 함께 한 동지처럼 느껴졌다.

내가 속해 있는 정당은 그동안 숱한 우여곡절이 있었다. 한때 폭발적인 바람을 불러일으켰던 그 정당의 바람은 돌풍이 되었다가 지금은 실바람처럼 정중동(靜中動)의 미풍이 되어 있다 싶어 내 발걸음도 그다지 가볍지 않다.

나의 심정은 마치 세찬 바람 부는 동토(凍土)에 서 있는 것처럼 춥고 떨린다. 정권이 바뀔 때마다 항상 새로운 개혁바람이 불었지만, 진정 국민이 원하는 그런 바람은 일으킨 적은 없는 것 같다. 현학적이고 추상적인 정치가 아니라 국민이 피부로 느낄 수 있는 구체화된 정치바람이 불었으면 좋겠다 싶다.

정치란 도대체 무엇인가.

원론적으로는 잘못된 것을 바로 잡으면서 국민들을 편하고 잘 살게 해주는 것이 아닐까 싶다.

지금 우리는 정치·경제·사회적으로 상당한 시련을 겪고 있다. 정치권이 각성하지 않으면 머지않아 엄청난 회오리바람이 불어올 것으로 예상하기란 어렵지 않다.

지금처럼 국정을 놓고 여야 간의 대립예각(對立銳角)이 갈수록 첨예화되어지면, 조선시대의 당파 이기주의 파당성(派黨性)과 다름없는 정쟁의 먹구름이 여의도 하늘에 몰려오지 않을까 우려스러운 생각이 들었다.

여의도 정치가 바람직하지 못한 녹비(鹿皮)에 가로왈(曰)자 같은 변덕스런 바람에 현혹되는 이상 정치권의 신뢰는 결코 보장되지 않으리라 느껴졌다.

이 생각 저 생각 하며 또 하늘도 쳐다보고 땅도 내려다보고 나오다 발을 헛디뎌 넘어질 뻔했다. 다시 몸을 추슬러 걸어 나오다 보니, 문득 전에 읽었던 〈난중일기〉 속의 충무공 이순신 장군이 백의종군(白衣從軍)하는 모습이 떠올랐다.

당시는 충무공의 인생에 있어서 최대 위기와 굴욕의 시기였던지라, 자신이 참 처량하다는 생각을 많이 했을 것이다. 또 자신의 불운에 대해 비통한 심정도 가졌을 것이다. 그래서 나는 '우국(憂國)의 사표' 이

순신이 아니라 '인간' 이순신의 모습을 떠올려 보았던 것이다.

충무공이 옥중에서 풀려나온 뒤 적은 일기에서 '비통한 생각에 견딜 수가 없다' 라고 하지 않았던가. 억울함으로 절망감에 빠져, '지난날 승전의 그 영광도 한순간에 불과하구나' 한탄했던 그분의 가슴속에는 만감이 교차했을 것이라고 상상해 보았다.

그러나 이 모든 시련과 난관을 묵묵히 참고 지혜롭게 극복해 낸 그의 삶의 모습이 그 순간의 나에게 큰 교훈이 되는 것 같아 조금은 위안이 되었다.

의사당 앞 차도에 나서다 보니 많은 차량이 저마다 갈 길이 바쁘다고 '빵빵' 거리는 소음에 갑자기 현기증이 나는 것 같았다.

그러나 마음의 여유를 갖고 서쪽 하늘을 바라보니 평화롭게 솜사탕 같은 흰 구름이 유유히 떠가고 있는 것이 보였다.

'과연 그 언제쯤 여의도의 하늘에도 저 흰 구름 같은 평화로움이 찾아올까' 그런 생각도 해 보면서, 춘래불사춘(春來不似春)이 아니라 진정한 여의도의 봄이 그 언젠가는 오리라는 희망도 함께 품어 보았다. 영화 〈바람과 함께 사라지다〉에 나오는 주인공 스칼렛 오하라의 독백 '내일은 내일의 태양이 떠오른다(Tomorrow is another day)를 되뇌이며, 호흡 한번 크게 가다듬어 보았다.

그런데 세월은 어느덧 흘렀지만 그런 기색을 아직도 찾아볼 수 없어 마음 한편 답답하기만 하다.

동해의 작은 섬 독도

P 시인의 권유를 받고 나는 처음으로 동해의 작은 섬 독도 여행을 결심했다. 일상에서 모처럼 벗어나 자유로움을 만끽할 것 같아 전날부터 가슴이 설레었다. 참으로 오랜만에 얻는 휴식이라 마치 초등학교 때 소풍가는 전날 밤처럼 밤잠도 설친 채 새벽이 되자 교대역으로 향했다. 그곳에서 만난 일행 모두의 얼굴이 한결같이 밝아보였다. '초록은 동색' 이라는 말이 있듯 내 기분지수에 따라 그렇게 보였는지도 모른다.

서울에서 속초까지 차편으로 약 3시간 반이 소요되었다. 속초항에서 유람선을 갈아타고 다시 3시간 걸려 울릉도에 도착했다. 그동안 사진이나 TV로만 보았는데 직접 눈으로 보니 생각보다 아주 큰 섬이었다. 짐을 잠깐 맡겨놓고 다시 그 배편으로 독도로 갔다. 우리 일행을 영접이라도 하듯 한 떼의 괭이갈매기 가족들이 제일 먼저 반겨주었다. 말로만 듣던 우리의 땅, 바위섬 독도를 바라보니 가슴이 뭉클했다.

일본이 걸핏하면 자기네 땅이라고 계속 우기고 있는 그 섬에 첫발을 내딛고 보니 만감이 교차했다. 섬 주위는 온갖 식물들이 병풍처럼 자생하고 있었다. 독도 수비대원들이 삼엄하게 경비를 서고, 신원조회가 끝난 사람들만 섬에 내려 땅을 밟을 수가 있었다. 푸른 쪽빛 하늘을 배경으로 우람하게 솟은 산의 위용이 느껴지긴 하나, 어쩐지 독도라는 이름 그대로 한이 서려있는 고독한 섬이라 느껴진다. 그동안 묵묵히 갈매기와 벗해 왔을 뿐, 참 외로운 섬으로 보였다.

함께 동행한 문우 박정진 시인의 시 '독도' 를 여기 소개해 본다.

독도(獨島)

대륙의 꿈이 돌고 돌아 끝내
동해에 돌로 박힌 곳
바라볼 건 일출이요
들리는 건 파도와 괭이갈매기의 울음소리
깎아지른 암벽은 하늘을 치솟아 외로움을 내 뿜는데
그 틈새로 자주 빛 참나리 향을 품고 있다.
넌 대륙의 마지막 정절
일찍이 너같이 홀로 있다고 이름을 붙인
당돌한 섬은 없었다.
넌 우리 의지의 결정
목숨 걸고 절벽에서 꽃을 꺾어
수로부인에게 바친 헌화가(獻花歌)의

옛 신선 예 살아 있구나.
이런 곳에 홀로 피는 꽃이나
그 꽃을 꺾어 바치는 마음이나
이런 곳에 홀로 박힌 몸둥아리나
모두가 꽃이다.
동해 제일 끝에서 육중한 몸을 흔들어
맨 먼저 잠을 깨어 달려 나와
일출을 온몸으로 받아 날마다 새롭게 피어나는
암청색 네 몸둥아리
넌 우리의 수호신, 동해 용왕 되어
나라를 지키고자 산골(散骨)한
문무대왕이 여기 나와 있구나.
홀로 있지만 그 속에 두 세계 감춘
동 섬, 서 섬, 암 바위, 수 바위
그대로 석화산(石花山)이로다.
육지로 육지로 달려와
바다와 하늘을 하나로 품은 네 모습 장하다
해동성인(海東聖人)이로다.

독도에서 예정된 문학행사를 마치고 우리 일행은 다시 울릉도로 돌아왔다. 향긋한 갯내가 물씬 풍기는 바닷가 횟집에서 신선한 회를 들며 붉게 물든 노을을 바라보았다. 바다위에 닿을 듯 말듯 곡예를 하듯 낮게 나는 괭이갈매기 떼의 날갯짓을 감상하며 참으로 오랜만에 여유롭고 즐거운 시간을 가졌다.

자정능력으로 늘 푸르게 새로워지는 동해바다를 바라보니 문득 나의 삶을 새로운 기운으로 가득 채워보고 싶다는 생각도 들었다. 그 순간 살아오면서 한분, 한분과의 소중한 인연이 있었기에 오늘의 내가 있는 게 아닌가 생각하니 함께 하고 있는 P 시인과 M 동장도 더욱 소중한 사람처럼 느껴졌다.

어둠이 깔리자 일행들은 횟집에서 나와 섬 중턱에 위치한 호텔 형 콘도에서 하룻밤을 묵고 이튿날 울릉도 내륙 기행에 나섰다. 우리를 태운 미니버스가 해안선을 따라 돌고 있을 때, 섬에 관한 정보를 간략하게 설명해 주던 운전기사가 갑자기 뒤를 돌아보며 "여기 국회의원인가 하는 그런 사람은 없지요"라고 운을 뗀 후 퀴즈 문제를 한 가지 내겠다고 말했다.

"남자의 뭐 있잖아요. 그 정자와 정치하는 사람의 닮은 점이 뭡니까?"

일행 모두는 난센스 퀴즈 같기도 하고 아닌 것 같기도 해서 잠시 생각하느라 머뭇거려 보았지만 결국 모두 답을 하지 못했다. 그는 약간 짓궂게 웃는 표정으로 힐끔 다시 뒤를 바라보더니

"인간(사람)으로 만들어질 수 있는 확률이 100만분의 1에 불과합니더" "다 도둑놈들 아닌가요……"라면서 투박한 경상도 말투로 오염된 정치판을 비판하더니 나중엔 게거품까지 물었다.

나는 속으로 정치판을 빗대어 보면 틀린 말은 아니구나 싶기도 했다.

청정지역이라는 울릉도 이곳 섬에까지 정치판의 공해로 오염되고

정치에 대한 불신이 확산되어 있음에 놀랐다.

이런 저런 경험을 하면서 내륙 관광길에서 둘러본 울릉도는 서울에서 생각했던 것보다 활기가 넘쳤다. 또 독도 방문길에 오른 관광객으로 인해 관광 수입도 꽤 올리고 있어 어느 섬들보다도 비교적 여유로워 보였다.

천혜의 비경이 자리 잡고 있는 독도와 울릉도, 모처럼 시간을 내어 둘러본 두 섬이 무심한 세월(역사)에는 아랑곳 하지 않고 붉은 저녁놀을 뒤로한 채 아름답게 빛나고 있었다. 낮게 날고 있는 갈매기 떼의 군무를 보며 그래도 그 날갯짓에서 우리의 희망찬 내일을 읽고 싶었다.

겨울이 오면 봄은 멀지 않으리

여의도의 바람은 차다. 몹시 차다. 이 찬바람을 맞고 있는 내 마음도 역시 차고 쓸쓸하다.

깨끗하고 베푸는 정치가 되어야 한다는 신념을 평소 지니고 있는 나로서는 우리의 정치문화 발전에 일조해 보겠다는 마음에서 한때나마 대변인 직 역할을 맡은 적이 있다.

그때는 공교롭게도 경제 난국(亂局)의 파도가 눈앞에 거세게 닥친 때였고, 또 한편 소위 '법안 전쟁' 으로 국회가 난장판이 된 시기였다. 그렇게 짧지 않은 기간이었지만 급박하게 돌아가는 현실정치의 현장에서 너무나 많은 것을 보았다.

대변인 논평이라면 정부정책 발표나 국회의 의정활동상황 또는 첨예한 사회적 이슈 등이 논평의 주된 자료이거나 대상이다.

그러나 발표된 논평 내용은 반론, 유감표명, 이의제기 일색일 뿐 환영이나 지지 등은 눈을 닦고 보아도 잘 보이지 않았다.

사실 나는 상대적으로 어떤 선입견 없이 여(與)쪽도 보고 야(野)쪽도 보며 또한 정부쪽도 객관적으로 바라보는 입장이었다.

어느 한쪽을 영문도 모른 채 따른다는 프랑스 속담 '빠뉘르쥬의양떼'도 아니었다.

그동안 지지하거나 환영하는 논평을 허심탄회하게 할 수 있는 상황이었다면 얼마나 좋았겠는가. 하지만 그렇지 못한 논평을 한 나의 심정은 참으로 답답했다.

나는 정당 대변인으로서 독설을 퍼붓는 말은 가능한 한 쓰지 않아야 한다는 것과 개인의 인격에 관계되는 언급은 되도록 삼가야 한다고 다짐했다. 그러나 경우에 따라 악역을 맡아 잘 아는 사람들로부터 미움을 사고 원성을 들어야 하는, 십자가를 대신 짊어져야 하는 고통과 갈등을 그 누가 알까 싶었다.

이뿐만이 아니다. 언제부터인지 당사(堂舍)에 기자들의 발길이 뜸해진 것과 동시에 기자실이 제 기능을 못하고 텅 빈 채 불 꺼진 방으로 변해 있는데, '곧 기자들로 다시 붐비는 방으로 환하게 바뀌겠지' 하는 희망을 갖고 있기도 했다.

나는 매일 여의도로 출근하면서 행여 '오늘은 즐거운 논평거리가 있겠지' 하는 기대감을 가져 보지만 예외 없이 내 기대감을 저버리고 있는 것이 바로 오늘의 정치현실이었다.

준비한 논평을 들고 국회 정론관으로 향하는 나의 발걸음은 항상 천근만근이었다. 국민들에게 대변인으로서 희망과 희소식을 전해 주는 '아침까치'가 되면 오죽이나 좋을까 하고 가끔 상상을 해 보았다.

어느 날 국회의원회관 차도(車道)로 걸어 나오는데 우연히 까치 한

마리가 죽어 있는 것을 발견하고 순간 걸음을 멈추었다. 주위 나무들을 눈여겨 살펴보았다. 까치집 하나가 보였고 다른 한 마리의 까치가 짝의 죽음을 조상(弔喪)이라도 하듯 우짖고 있었다.

까치의 죽음, 그리고 남은 한 마리의 우짖음에서 나의 자화상을 보는 듯했다. 죽은 거나 다름없는 오늘의 정치 상황을 논평해야 하는 내 모습이 그렇고, 비교섭단체 정당의 힘없고 초라한 대변인 모습이 더욱 그렇게 여겨졌다.

'까치야, 까치야. 비록 너 외롭게 홀로 남아 있지만 용기 잃지 말고 힘차게 살아나가 봐.'

그런 말을 마치 주문처럼 내 자신에게 던지며 무거운 발걸음으로 그 자리를 떴다.

문득 나의 졸시(拙詩) 〈아차산의 까치집〉에 나오는 시 한 구절이 떠올랐다.

모진 겨울 어찌 견디려고
칼바람 휘몰아치는
저 높은 곳에
제 집을 매달았을까

그렇다. 겨울의 칼바람을 맞고 있는 모습이 바로 나다. '겨울이 오면 봄은 멀지 않으리' 라는 영국 시인 셸리(P.B. Shelley. 1792~1822)의 시 한 구절을 되뇌며 위안을 삼을 도리밖에 없지 않는가 하고 자위해 본 그 시간이 어느 결에 제법 많이 흘렀구나 싶어 언뜻 놀라고 있다.

어느 외국시인과의 우정으로의 만남

나는 어느 외국 시인 한 사람을 알고 있다. 어느 날 그에게 꿈을 물었다. 그는 자기나라 최초의 노벨문학상 수상자가 되는 것이라며 매우 심각하고 진지한 표정으로 소매를 걷어 붙이며 벌써 노벨상 수상자가 된 양, 걸걸한 목소리로 특유의 재담을 늘어놓았다.

그는 그 나라의 유명시인으로 지금은 내 친구가 되어 있는 '바이라' 이다. 별명으로 '콧수염 친구' 로도 불리는데 조금 건들건들하게 보이지만 본바탕은 선량하기 그지없는 친구이다. 눈빛이 유난히 빛나기도 한 그는 급한 성미 탓에 함께 식사를 해보면 게 눈 감추듯 순식간에 음식을 먹어치운다. 그리고 보드카 술기운이 좀 오른다 싶으면 자신의 자작시 중 애송시를 제스처를 넣어가며 온몸으로 낭송한다.

어느 해 연말 저녁모임에 나타난 그의 헤어스타일에 놀란 일이 있다. "머리 숲에다 무슨 기름을 부었기에 그렇게 번쩍거리느냐?" 라고 핀잔을 주자 그 친구 왈 "아무것도 바르지 않았네." 하며 화장실 쪽의 거울을 들여다보고는 특유의 너털웃음을 지었다. “당신을 만난다는 기쁨에 좀 심하게 흔들었더니 그만 머리에 땀이 많이 차서 그래” 하고 답하는 모습이 천진스럽기까지 했다.

땀이 배어 젖은 옷이야 축축해 보이기도 하고 후줄근해 보일 수도 있겠지만, 땀에 흠뻑 젖어있는 머릿결은 오히려 멋져 보였다.

연말이 되기 십여 일 전부터 한 해를 무사히 잘 보내고 희망에 넘치는 새해를 맞이하기 위하여 연회를 즐기는 나라다. 선물을 서로 교환하고 기력이 다 떨어질 때까지 춤추며 노래하고 즐기는 것이 연례행사처럼 되어 있다. 그도 연말 초저녁 어느 모임에 참석하여 땀범벅이 되도록 그렇게 놀았던 모양이다.

그는 일찍이 외국여행을 많이 해서인지 식견도 넓고 통찰력도 있는 친구이다.

가진 자는 모두 도둑이라는 좌파적 성향을 갖고 있는 그는 자기 나라의 부조리한 현실에 절망한다면서 격정적으로 울분을 토해내던 사람이다.

때로는 그의 말이 궤변처럼 들리기도 하지만 인간과 자연, 사랑과 죽음에 대해 예리한 통찰력과 판단력의 소유자로 독특한 매력을 지니고 있어 좋은 친구로 삼고 있다. 특히 그의 지독한 야유 속에는 정치인들의 위선과 허위의식이 도마에 오르고 어느새 분노에 찬 그의 목소리는 한 옥타브가 높아진다.

그는 시인이면서도 언론인으로서 아무도 현실의 모순과 불평등에 대해서는 지쳐서인지 아니면 권력이 두려워서인지 정부를 비판 못하고 있을 때, 정부를 신랄하게 공격하여 사람들의 마음을 후련하게 뚫어주는 소신 있는 준 정치가의 역할을 해주기도 했다.

내가 그를 처음 만난 것은 그가 신문기자로서 나를 인터뷰하러 호텔 로비에 찾아왔을 때였다. 우리는 그날 많은 이야기를 나누고 술잔을 기울이다 보니 너무나 가까운 내 이웃이나 형제처럼 느껴졌다. 그 이후 우리는 친구가 되었다.

그가 때로는 정신병을 앓고 있는 환자처럼 적의에 찬 언행을 보이기도 했고, 무조건 자기의 판단이 옳다고 부득부득 우기는 외고집을 부려보다가도 갑자기 무기력해지며 심한 불안감에 시달리곤 했다.

그럴 때 그는 극심한 고통과 좌절 속에서 황량한 초원의 벌판에 다시 새 풀이 돋아나기를 통곡하면서 분명 기도를 올렸을 것이다. 위대한 대자연은 그 땅의 주인인 바로 자신을 그곳에 머무르게 하여 노벨문학상 작가로 태어나게 할 것이라는 강한 신념이나 확신이 있었을 것이다.

그렇게만 된다면 먼 훗날 우리의 만남은 더욱 아름답고 귀한 만남이 되어 다시 한 번 지난날처럼 우정의 술잔을 들게 되리라 본다.

콧수염을 휘날리는 친구 바이라!

나는 지금 너에게 마음의 글을 몇 자 적어 본다.

우리의 고향은 바람 속에 있다네. 생각보다는 훨씬 긴 여정이 우리네 인생일세. 내가 자네 손목에 채워준 그 스와치 시계의 초침이 돌아가는 소리가 들리는 한 우리의 우정은 더 깊어질 것이네. 언젠가는 자네에게도 그런 행운이 올 걸세.

유목민 출신 T씨의 기지

지금 내 마음 속에 깊이 각인되어 있는 한 사람이 있다. 해외투자 현지 법인회사의 경비직원으로 성실하고 영특하게 일했던 유목민 출신 트수돌 T 씨이다.

그 나라는 자원이 풍부하다지만 넓은 영토에 비해 경제 인구의 절대적 부족으로 인해 개발이 제대로 되어 있지 않는 취약한 경제구조를 갖고 있다. 특히 시골 유목민의 삶은 점점 어려워지고 있는 실정이다. 그동안 목축업에 의존해 오던 유목민들의 도시 진출이 부쩍 늘어나고 있는데 이들 중 한 사람이 그였다.

나는 T를 만나기 오래 전부터 그의 부모를 먼저 알고 지내왔다. 그들이 사는 집이 바로 회사 공사현장 근처에 있었기 때문이다. 그분은 과거 공산주의 치하에서 역사 과목을 가르쳤던 선생님이었는데 명예심이 강했다. 그 나라 대부분의 노인들처럼 사계절 내내 전통 옷인 델(Del)을 입고 말가이(Malgai) 모자를 눌러쓰고 꼬리를 늘어뜨린 황갈색의 개를 데리고 곧잘 초원을 거닐곤 했다.

눈보라가 치던 어느 겨울날이었다. 공사 현장에 잠시 머무르고 있던 나를 느닷없이 찾아온 그는 자기 집에 초대하고 싶다는 말을 불쑥 건넸다. 그 성의를 거절할 수가 없어 그날 예정에도 없던 그분의 집을 방문하게 되었다. 집안에서 대화 도중에 아들의 취업을 부탁하였는데 그 인사 청탁의 주인공이 훗날 경비원 T였다.

T는 마흔이 넘도록 시골에서 난생 처음 도시로 올라왔다고 했다. 아마 그의 부친이 자기가 사는 곳으로 불러들인 것 같았다.

살을 에이는 듯한 초원의 바람 속에서 처음 만나본 T는 너무 왜소했을 뿐만 아니라, 성격도 활달하지 못했으며 나이에 비해 아주 겉늙어 보이기까지 했다. 또 수줍음도 몹시 타서 한 마디의 말도 하지 않고 그저 빙긋이 웃고만 있었다. 경비 업무 수행의 기본 조건은 건장한 신체에다 행동도 민첩해야 하는 만큼 우선 힘든 일을 저 사람이 과연 해낼 수가 있을까 하는 의구심이 앞섰다.

그러나 그에 대한 나의 우려가 기우에 불과하였다는 사실을 나중에 알게 되었다. 겉모습에서 비치는 그의 행동은 소극적이었고 다른 직원과도 잘 어울리지 못하고 있는 듯 했지만, 실상은 자기가 맡은 경비업무의 강한 책임감 때문에 일부러 겉돌고 있었던 것임을 알게 되었다.

그런 그가 어느 날 회사 사무실로 불려와 관리 지배인으로부터 현장 경비일지의 부실한 기재 내용 때문에 심하게 추궁을 받고 있었다. 그런데 그는 오히려 빙그레 웃으면서 상의 주머니에서 꺼낸, 색이 바랜 노트 한 권을 지배인에게 건네주었는데, 그 내용이 확인되자 그만 냉

랭한 분위기가 일시에 한바탕 웃음판으로 바뀌었다. 처음에는 경비 업무일지가 제대로 작성되었다가 어느 날 갑자기 날씨 등 불필요한 내용으로 채워지곤 해서 추궁을 받은 셈인데 거기에는 그럴만한 이유가 있었다.

사무실에서 멀리 떨어져 있는 큰 공사의 현장일수록 눈코 뜰 겨를도 없이 일은 바쁘게 돌아가기 마련인데 그런 가운데에서도 꼭 업무에 충실치 못한 사람은 있기 마련이다. 현장을 관리 감독해야 할 책임이 있는 엔지니어들이 게으름을 피우고 문제를 일으키는 경우는 아주 드문 일이지만 T 씨는 그 빛바랜 노트에다 아주 상세하게 지배인도 파악하지 못한 그들의 근무태만과 음주행위 등등 일거일동을 꼼꼼히 기록해 놓았던 것이다.

자기에 비해 키도 크고 힘도 세고 성격도 거친 책임 기술자 몇 명에게 오랫동안 심하게 협박을 받은 이후부터 이중장부 일지를 쓰게 되었다는 설명을 듣고 나는 깜짝 놀라지 않을 수 없었다. 자신들의 일탈행위를 부끄러워 할 줄 모르는 T의 상사였던 그들은 직위와 힘을 이용해 촌뜨기 T를 눈 뜬 장님으로 만들어 놓았다고 자만하고 있었다. 그러나 이미 목동 때부터 적자생존의 이치를 대자연으로부터 배웠던 T는 그들에게 겉으로는 적당히 비위를 맞추면서 영리하게도 자기 업무에 대한 책임과 의무를 충실하게 완수해 나갔던 것이다. 그런 T의 속내를 어느 누구도 읽어내지 못했음은 물론이다.

그 일을 생각해 보면서 나는 잠시 동물의 세계를 연관 지어 생각해 본다. 강한 동물에게 약한 동물은 항상 잡아먹히는 것 같지만, 지금도 강한 동물과 약한 동물들이 공존하고 있지 않은가. 비록 맹수에 노출되어 있는 약한 사슴일지라도 보호 본능적 지혜가 있으면 살아남을 수가 있기 때문이다. 경비직원인 T 씨의 경우도 마찬가지다. 아마 그의 슬기로운 지혜는 그 나라의 변화무쌍한 환경 속에서 터득한 적자생존의 이치를 일찍 깨닫고 있었기 때문일 것이다. 그는 경비실에 비치된 원본 업무일지에는 상사에 대한 내용을 일체 기록하지 않았다. 대신 자신의 상의 깊숙한 호주머니에 늘 지니고 다녔던 그 손바닥만 한 기록장에다 그날의 주요 내용을 하나도 빠짐없이 다 기록해 왔던 것이다. 적자생존의 지혜요 기지였다고나 할까.

창밖을 불현듯 내다보니 해가 이미 뉘엿뉘엿 저물고 서쪽 하늘가에는 뭉게구름이 피어 있다. 그 구름사이로 빙긋이 웃고 있는 T의 얼굴이 떠오른다. 나도 빙긋 한번 웃음을 보내본다.

광활한 대 초원에서의 한 컷

새벽 산행의 즐거움

현대를 바쁘게 살아가는 우리들에게 산은 빼놓을 수 없는 좋은 휴식 공간이다. 일상에 묶이어 바쁘고 건조하게 살고 있는 우리들에게 휴식할 수 있는 공간만큼은 그 무엇과도 바꿀 수 없는 소중한 자산이다.

나에겐 산에 오르는 새벽시간 만큼은 정말 즐겁고도 소중하다. 한 걸음씩 산을 오르며 소중한 분들의 얼굴을 다시 상기시켜 보기도 하고 아름다운 일을 되새겨보는 여유로운 휴식시간이기도 하다. 또 삶을 재충전 하는 산소와도 같은 귀한 시간이기도 하다. 사방에서 뿜어내는 상큼한 산소를 마음껏 들이키면서 산을 오르면 보이지 않는 내 몸 구석구석이 마치 깨끗한 물로 헹궈지는 것 같아 생기가 도는 듯하다.

때론 주요한 일들을 다시 구상하기도 하고, 어떤 계획을 위해 매진할 수 있는 기(氣)도 얻는다. 더불어 겸손과 남을 이해하고 배려할 수 있는 마음을 다질 수도 있어 나는 산을 무척 좋아하고 특히 새벽산행을 더욱 좋아한다.

산행이라면 주로 집에서 그렇게 멀지 않은 아차산을 찾는다. 산 입구쯤 약수터 부근에서 두 분의 할머님을 늘 만난다. 한 분은 올해 예순여섯으로 인절미와 커피를 팔고 있는 조 할머님이고 또 한분은 올해 여든으로 늘 산행을 하시는 최 할머님이다.

조 할머니는 그곳에서 37년 동안 떡을 손수 만들어서 팔아 자식들을 모두 공부시켰고, 가족을 부양했기 때문에 단 하루도 쉴 수가 없었다고 말했다.

나는 산행을 마치고 내려오는 길에 그 할머니께 들러 남아 있는 떡을 모두 떨이로 사서 집으로 가지고 온다. 노인이 하시는 일이라 조금이라도 도움을 드리고 싶은 배려에서다.

그분과는 어느새 친숙한 사이가 되었고, 이제까지 살아오신 그분의 삶도 이해하게 되었다. 젊은이 못지않은 목소리에다 민첩한 동작은 도저히 칠순을 향하고 있는 분으로 믿기 어려울 정도다. 오랜 세월 새벽 산행으로 다져진 건강으로 지금까지도 떡을 팔고 있다고 한다.

그리고 여든이신 최 씨 할머니도 무척 정정하시어 그렇게 연세가 들어보이지는 않았다. 그분은 산에 오시면 입을 크게 벌린다고 하시면서 "좋은 공기를 많이 마셔야지. 그래야 건강한기라, 따로 무슨 약이 필요하냐." 항상 그렇게 말씀하셨다.

그 속뜻을 풀어 생각해보면 아마 몸에 좋은 약을 챙겨 들 수 없는 형편임을 짐작할 수 있었다. 또 매일 약수터까지 새벽 등산을 하니 더욱 더 건강한 모습을 유지할 수도 있겠지만 한편으로는 건강한 체질을 타고 나신 것 같다.

어려운 가정형편으로 인해 하루도 쉴 수 없이 떡을 파시는 조 할머니와 사치스러워 보이는 보약 한 재 따로 드시지 않아도 건강하게 수를 하시는 여든의 최 할머니를 보면서 나는 골골하게 병치레를 하며 생활하고 있는 많은 노인 어른 분들이 안타깝게만 느껴지기도 한다. 기계들도 모든 동작이 멈춰져 있으면 쉽게 고장이 나듯이, 우리 몸의 구조도 활발하게 움직여주고 운동도 생활화 하면 감기 같은 잔병치레는 물론 각종 성인병도 미연에 방지할 수 있겠구나 싶다.

아침 일찍 시작되는 나의 새벽 산행이야말로 번다(煩多)한 일상사로부터 벗어나 잠시나마 자기로의 침잠(沈潛) 그리고 정관(靜觀)의 기회를 갖기에 얼마나 값진 시간인가. 누구나 각자 살고 있는 집 가까이 있는 산을 규칙적으로 오르내리면 시작되는 건강한 생활의 활력소가 되리라 본다. 건강도 아주 쉬운 것부터라도 찾아 꾸준히 실천해 나갈 때 비로소 얻어질 것이다.

산행을 마치고 돌아오는 길에서 맛있는 떡을 한 입 베어 무는 맛은, 이 세상의 그 어느 귀한 음식보다도 맛있고 귀하다.

오늘도 두 분 할머님의 떡과 인정을 마음에 담고 산을 내려오니 기쁨으로 충만하다.

떡갈나무 위에서 지저귀는 새소리가 오늘따라 유난히 즐겁게 들린다.

바람 잘 날 없는 여의도 바람

국회는 국정을 논의하는 곳이고, 여야 국회의원은 국정의 동반자라는 것은 정치의 A, B, C이다. 그런데 내가 본 국회는 흡사 바람 잘 날 없는 한랭전선과 다름없다.

마치 여야는 서로 안면 몰수하는 것 같고, 또 자기 얼굴만 내려고 정신을 팔고 있다.

야는 정권을 빼앗긴 데 대한 앙갚음이라도 하듯 노상 반대만하는 'No' 로 일관하고 있다. 반대로 여는 절대 다수의석의 힘을 앞세워 밀어붙이겠다는 태도를 보여 주고 있다. 정치의 악순환은 물론이고 결국 국회 파행의 연속을 스스로 불러왔고 불러오고 있다는 형국이다.

이러다 보니 국회는 '생산적 국회' 로서 국회다워야 하는데 '소모적 국회' 로 시종하여 국민은 안중에도 없어 보였다. 여야가 진정으로 국민을 위해 다투는 것이라면, 그런 싸움은 많을수록 좋겠지만 현실은 결코 그와 같지 않는 것 같아 보인다.

무릇 한 가정에도 기강을 서게 하는 어른이 있기 마련인데, 대표성을 지닌 각 정당에서 지도력과 설득력을 갖춘 어른이 없는 형국이라 더욱 안타까웠다.

내가 정치에 몸담고 있는 것을 알고 주변 사람들은 마치 내게 들으라는 듯 국회에 대한 혹평을 자주 하곤 한다. 금배지를 반납시켜야 한다든지, 심지어 몇 년 전에는 국회무용론에서 해산론까지 말하는 분들이 있어서 부끄러워 할 말을 잊곤 했다.

파행을 일삼는 국회를 지켜 본 나의 입장에서도 솔직히 그들과 대동소이한 생각을 하곤 했다.

요컨대 서로 격려하고 지혜를 모아가는 상생정치가 있어야 할 일이다.

솔직히 우리 정치문화는 다른 분야에 비해 후진성을 면치 못하고 있는 만큼 하루 빨리 '선진 국회', '열린 국회'로 환골탈태(換骨奪胎)되었으면 좋겠다.

결국 정치문화가 선진화되지 못한다면 국가도 선진국이 되지 못한다는 이 등식 관계는 우리가 다 같이 새겨봐야 할 큰 과제 중의 하나라고 생각해 본다.

그동안 정쟁으로 바람 잘 날 없는 국회를 보아 온 국민들은 많은 실망을 해 오지 않았는가.

이제는 그 바람을 재우고 오로지 잠자는 듯 조용히 일하는 국회로 거듭났으면 좋겠다.

초원의 별

사계절 중 봄은 누구나 좋아하는 계절이지만, 중앙아시아 고원지대의 봄은 그 나라 사람들로부터도 환영을 받지 못한다. 심지어 가축들조차 무척 두려워하는 것 같다. 계절의 변화로 인하여 발생하는 흙과 먼지, 모래바람이 끊임없이 불어대고, 낮에는 기온이 올라가지만 눈으로 덮여 있는 초원에는 풀이 자라지 않기 때문이다. 그러기에 어미가축들은 새끼 돌보기에 대한 본능적 위기감이 최고조에 이를 수밖에 없다.

자연의 혜택 속에서 풍요를 누렸던 정착 문명의 사람들에 비하여, 초원의 유목민들은 변화무쌍한 자연 속에서 처절하게 버려지고 있었던 운명이다.

멀리 떨어진 곳에서 무심히 우리의 상상으로 바라보는 그곳은 푸른 초원과 눈으로 덮인 아름다운 나라이다. 하지만 내 눈으로 가까이에서 지켜본 그곳은 마치 온갖 역경을 딛고 의젓한 청년으로 홀로서기를 위해 몸부림치는 고뇌에 찬 젊은이처럼 느껴졌다. 황량한 초원 들녘에서 매서운 바람과 맞서며 강인한 모습으로 버티고 선 용병 같다고나 할까.

나는 오래전 어느 해 무더운 여름 그 나라 첫 여행에서 놀라운 한 장면을 목격했다. 아름다운 초원에 있는 자그마한 게르(Ger) 옆 모래 구덩이에서 움직이는 물체가 보여 조심스럽게 다가가 보니, 아무것도 걸치지 않은 한아이가 꿈틀거리고 있었다. 불덩이 같은 햇빛이 고통스러워 이리저리 뒹굴고 있는 버려진 듯 보이는 아이가 너무나 가여웠다. 그 참담한 장면이 초원에서 낭만적인 여행을 하고 있던 내 가슴 깊숙이 각인되어져 결국 경제적으로 낙후되어 있는 그 나라를 나로 하여금 관심의 나라로 선택하게 만드는 계기가 되었고 결과적으로 나도 외국인으로서 투자하게 되었다.

그런 일의 관계로 그 나라 정부의 고위 인사들과 한밤중에 회사 현장 근처에서 회의를 한 적이 있는데, 그 회의를 마친 후 현장을 함께 둘러보고 헤어졌다. 생전 처음 경험하는 영하 40도의 칼날 같은 매서운 바람에도 이상스레 오히려 마음속이 훈훈해지고 있다는 사실에 무척 놀랐다.

어느새 살을 에는 추위는 아랑곳없이 나의 두 눈은 아주 가깝게 느껴지듯 낮게 떠 있는 별들과 마주하고 있었다. 아마 나의 용단에 대한 감회 때문이었을 것이다.

그곳의 밤하늘에는 별이 무수히 많다. 오염되지 않은 깨끗한 자연 덕분이다. 나는 그날 밤에 보그드 산 쪽 하늘에 뜬 별과 만나 그 별무리의 아름다움에 취하여 새로운 나를 발견하게 되었다. 마치 어머니의 넓은 가슴과도 같은 태고의 대지. 그 순간 밤의 초원에 서 있는 나에게 신비스러운 하늘과 땅의 기운이 전해져 옴을 느낄 수 있기 때문이다.

거무스름하게 보이는 초원에 서서 밤하늘을 다시 유심히 올려다본다. 저 무수한 별들은 아마 오랜 인류 역사의 산 증인이 되어 꿈을 갈망하는 수많은 사람들에게 희망을 인도하는 나침반이 되어 왔으리라 생각해 본다.

수천 년간 인적미답의 처녀지나 다름없는 곳에 있는 자갈란트 관광타운 레스토랑에서 모링호르 마두금(馬頭琴)의 반주에 맞춰 허밍(humming)을 듣고 있노라면 시간가는 줄을 잊어버린다. 자연과 예술을 사랑하는 그들이기에 목청으로 빚어 올리는 휘파람을 부르는 듯한 노래 소리는 정말 인상적이면서도 구슬프게 들려온다.

불현듯 그때 그 가련한 아이의 생각이 떠오른다. 생사를 알 수 없어 무척 궁금하다. 아마도 버려진 듯 해 보였던 아이였기에 어쩌면 이 세상을 떠났을지도 모른다. 만약 그렇다면 지상에서 누려보지 못한 삶이 애달파 저 창밖에 보이는 밤하늘의 별이 되어 있을지도 모른다는 생각이 든다.

떠오르는 것은 오직 기억일 뿐이다. 아름다운 추억이든 슬픈 추억이든 기억만은 늘 살아 있는 듯싶다.

문화적 충돌의 한 교훈

오래전에 칭기즈칸의 나라에서 이런 일이 있었다. 외국인으로서는 최초로 '젊은 학자들을 지지하는 재단' 의 명예위원이 된 직후에 그 나라 정부 관계자들과 함께 한 자리에서였다.

나는 그들에게 "세계사에서 전무후무하게 역사적 베일에 가려져 있는 칭기즈칸의 무덤을 발굴하여 성스럽게 잘 보존하면서 역사적인 문화 유적지로 만들면 영원한 수수께끼 같았던 그 유적지 답사를 위해 세계인들의 발걸음이 줄을 이을 것이다. 이를 계기로 전 세계적으로 주목 받는 국가가 되어 관광산업 및 국가 경제 발전에 큰 도움이 될 수 있을 것이다."라며 뜬금없는 제안을 해보았다.

느닷없는 그 제안에 그들의 표정은 순간 굳어졌다. 그들 중 한사람이 "그일 만은 절대 불가능한 일이죠. 현재로선 우리의 정서나 여론에 반할 뿐만 아니라 위대한 칭기즈칸을 욕되게 하는 것입니다."라며 일언지하에 거부하면서 놀란 표정으로 자기 목이 잘린다는 시늉으로 오른손 엄지손가락으로 자신의 목을 가리켰다.

가부는 차후문제였지만 그런 제안의 배경에는 사실은 칭기즈칸의 무덤 발굴과 보존, 그리고 역사 문화관광 사업에 관해 그 나라 정부의 협조를 받아 그 사업도 내가 주도하고 싶었던 속셈도 있었다.

익히 알려진 바와 같이 칭기즈칸은 어렸을 때, 타타르 부족에게 아버지 예수게이를 잃고 홀어머니 밑에서 천추의 한을 품은 채 무인으로 성장했다. 그 후 흩어져 있던 모든 부족을 평정하여 대 초원을 하나로 통일시켰으며, 자신의 출생지인 오논 강변의 초원에서 최고의 지위인 칸(Khan) 자리에 올라 유라시아를 호령했던 대정복자가 아니었던가.

일개 유목민부족에서 동서남북으로 만주, 러시아, 인도, 시베리아에 이르는 대제국을 세워 남겨놓고 13세기경 어느 여름 폭염 속에서 원대한 삶을 마감했다. '나의 죽음을 비밀로 하라' 는 유언 때문에 그의 장례식에 참석했던 사람들을 모두 죽였다는 설과 장례행렬이 고향에 도착했을 때, 그의 시신은 온 데 간 데 없고 텅 빈 관만이 있었다는 옛 기록이 있을 뿐이다.

그의 공식적인 무덤은 '아마브르한 할둔산' 으로 기록되어 있지만 정확한 그의 무덤은 매장 당시 금단의 구역으로 지정 돼 그 어느 누구도 모른다고 한다. 그 나라 사람들과 대화를 가져보면 그들의 자존심을 지켜주는 마지막 보루는 바로 칭기즈칸이다.

나의 제안으로 모인 그자리가 처음에는 서먹서먹했지만 차츰 긴장이 풀리고 부드러운 분위기로 돌아갈 무렵, 좀 전에 목이 잘린다는 시늉을 한 그 사람이 이제는 제법 의기양양하게 "칭기즈칸을 어떻게 생각하느냐."라고 물어왔다. 나는 그 묻는 의도를 잘 알고 있었기 때문에 그의 자존심을 살려줄 요량으로 "칭기즈칸은 위대한 세계적 인물로서 아주 존경한다."라고 말해 주었더니 보드카 잔을 내게 권하면서 흡족한 표정을 감추지 못했다. 그리고 좀 전에 칭기즈칸의 무덤 발굴 제안에 대해 만약에 오해가 있었다면 널리 이해해 달라고 했다. 그러면서 한편 그들의 전례적인 사고방식을 모른 채 칭기즈칸을 욕되게 했다는 생각이 들었다.

그들에게는 칭기즈칸의 '말' 특히 유언은 곧 영원한 하늘의 명령이라 지금도 그 목소리가 황량한 대초원 지대에서 또렷하게 잘 들려지고 있으리라 본다. 다 같은 몽골리언계이지만 다른 문화에서 비옥한 땅을 밟고 살아가고 있는 나에게는 들리지도 않았고 들을 수도 없었다. 직계인 그들에게만은 칭기즈칸은 영원한 신일 수밖에 없을 테니까. 나의 제안은 크게 보아 같은 몽골리언이지만 서로 다른 역사와 문화에서 비롯된 가벼운 문화적 충돌을 체험할 수 있었던 교훈적 계기가 되었다 싶다.

제 2 부

단상으로 써 본 이 생각 저 생각

-삼권(三權)이란 세 발 가마솥의 뜨거운 물-

1. SNS를 통해 본 조각생각

✤ 이 말 저 말 난무하는 감세정책 논란

법인세와 소득세 최고세율 인하 정책을 철회하겠다는 당 H 신임 원내대표의 세금 정책 방향이 향후 논란이 될 것 같아 보인다.

물론 그의 감세정책 철회 언급은 '부자 정당, 웰빙 정당' 이란 오명을 씻겠다는 취지로도 보이나 성급한 면이 없지 않았나 싶다.

소득이 있는 곳에 세금이 있어야 하고, 상대적으로 소득이 많은 고소득층은 그만큼 세금을 더 내야 하는 게 당연지사가 아닌가. 이는 조세 형평성 부문에도 합당하며, 소득세 감세 철회는 바람직하다고 보여진다.

세수의 증대 없이 감세정책 기조를 유지하면서 앞으로 서민 복지 예산의 지출을 늘리겠다는 것은, 현실적으로 많은 어려움이 따르리라 본다.

그러나 법인세 감세 철회 문제는 경기 부양이나 국가경쟁력 제고차원에서도 신중하면서도 조심스러운 접근이 필요하다고 본다.

법인세 인하 정책을 뒤집는 것은 그렇지 않아도 우리나라의 법인세율이 세계적으로 높은 수준인 셈인데 자칫하면 기업의 성장을 저해하는 등 부작용을 낳을 수 있다고 생각한다.

특히 대기업이 아닌 중소기업에 대한 법인세 감세는 이른바 서민기업 보호차원에서라도 합리성이 있다. 서민보호 정책 차원에서 보더라도 중소기업은 서민인 셈이고 세금을 더 낮춰 보호해 줘야 한다고 본다.

2011. 5. 11(水)

⚜ 북 인권법, 민족적 차원 결단해야

북한 인권법이 국회에서 야당의 반대 속에 표류하고 있는데 민족의 대승적 차원에서 여야 모두 나서는 결단이 있어야 한다고 본다.

야당은 북한 인권법 제정이 북한을 자극할 수 있기 때문에 당론으로 반대하고 있다니, 이게 누구를 위한 입장인지 이해가 잘 가지 않는다.

범 무서워 산에 오르지 말자는 논리인데 인권적 차원에서 북한 정권의 눈치만 살필 것이 아니라 북한 동포들의 처지를 봐야 하는 게 같은 민족으로서 더 큰 명분도 서고 떳떳한 일이라고 본다.

사실상 인권의 사각지대에 처해 있는 북의 인권 유린 문제는 국제적인 관심사가 된지 이미 오래되지 않았는가.

야당은 민주주의를 논하면서 시대성이나 정치성을 떠난 인류 보편적 가치인 인권 문제를 외면해서야 되지 않나 싶다.

더구나 '북한 인권 유린'에 대해 말 한마디 하지 않고, 공산사회주의 국가에서 전무후무한 3대 세습의 김 씨 왕조(?) 체제를 언제까지 구경만 하고 있어서야 되겠는가.

국회는 초당적으로 북한인권법을 빠른 시일 내에 처리하는 게 지금 이 시각에도 고통을 겪고 있는 북한 동포들에 대한 최소한의 민족애 발휘라고 생각해 본다.

2011. 4. 25(月)

⚜ 한국판 '정치 쓰나미' 우려

MB 대통령의 대선 공약인 동남권 신공항 백지화에 따른 후폭풍이 거세고 거세다. 짐작컨대 자칫 한국판 '정치 쓰나미'로 번질 우려가 높아 보인다.

신공항 백지화가 단기 경제성 논리나 수도권 중심 논리에서 보면 일리가 있을 수도 있겠지만 장기적 안목과 지방분권화 차원에서 보면 그 파기는 너무 근시안적이지 않을까라는 생각이 든다.

국제화 시대, 이 스피드 시대에 국제선 이용을 꼭 수도권에 목매달고 있어야만 하겠는가. 예를 들어 경부고속도로를 한번 생각해 보면, 그 당시로 보아 단기적 안목에서라면 아예 안했어야 할 국책사업이었다. 만약 그랬더라면 오늘날 그 결과는 상상을 초월할 일이 아닌가 싶다.

당장은 아니더라도 개인이나 국가가 늘 미래를 준비해 둔 경우에는 밝은 미래가 열릴 수 있다고 생각해 본다.

더구나 공약파기의 변으로 국익을 운운하고 있는데, 중요한 건 국익에 대한 개념정리가 아닌가 싶다.

2011. 4. 1(金)

'독도' 교과서 판 원전사고 폭발

일본의 재앙에 대해 우리 국민의 온정의 손길이 줄지어 이어지고 있다.

'까마귀 날자 배 떨어지기' 격이듯 바로 이런 때에 일본 정부가 또 독도영유권 주장을 하고 나서니 참으로 실망스럽고 곤혹스럽다는 생각이 든다.

모처럼 형성된 두 나라간의 우호적 분위기를 '독도 교과서 판 원전사고' 가 폭발하고 보니 왠지 심한 배신감이 든다는 사실을 감출 수가 없다.

정부는 우리 주권 영토에 대한 일본 침탈 야욕을 꺾기 위해 독도 실효 지배 강화를 위한 방안을 획기적으로 마련해야 한다고 본다.

2011. 4. 1(金)

⚜ 슬픔과 비탄에 잠겨 있는 일본인들에게

지금 일본이 맞고 있는 사상 최악의 대재앙 앞에 우리는 말과 넋을 잃고 있다.

우리 한국문인협회는 이에 심심한 위로와 격려의 말을 전해 드리는 바이다.

전후의 그 황막한 잿더미 속에서도 오늘날 경제대국이란 그 영광을 이룩한 그 참을성, 그 용기, 그 힘과 저력을 우리는 익히 알고 또 믿고 있다.

우리 한국문인협회 전 회원들은 따뜻한 인류애 정신으로 오늘의 슬픔을 극복할 수 있도록 마음과 글로써 끝없는 성원을 보내드리겠다.

2011년 3월 16일

한국문인협회 대변인 전 지 명

⚜ 쓰나미 영화, 현실로 재현

일본 열도의 대재앙!

일본의 자존심을 한순간에 삼켜버린 대지진과 쓰나미는 아비규환의 아수라장 그 자체라 생지옥이 따로 없다 싶다.

마치 가공할 만한 쓰나미 영화의 한 장면이 현실로 재현된 느낌이다.

이에 한없이 무력한 인간의 한계를 절감하며 슬픔을 느낀다. 어쩌면 자연 앞에 겸손할 줄도 아는 법을 배우라는 경고가 아닌가 하는 생각이 문득 문득 든다.

2011. 3. 12(土)

⚜ 돈 잔치하는 빚더미 공기업

빚더미 공기업들이 배짱 좋게도 성과급 돈 잔치를 또 벌였다고 한다.

도덕 불감증을 보는 듯하다.

그간 많이도 들어왔던 책임경영이란 말도 결국은 구두선(口頭禪)이고 공수표인 것을 확인시켜 주는 경우가 아닌가 싶다.

이러다간 언젠가는 오늘의 구제역 같은 국가적 재앙으로 공기업 구제역이 오지 말라는 법은 없을 것이다. 우리 모두 반성해 볼 일이다.

생각건대, 공기업 정상화를 위한 예방접종이라면 무엇보다 빈 깡통식 공기업 경영의 악순환 고리를 끊어야만 한다고 본다.

이를 위해 정치권의 '논공행상' 인사고리부터 차제에 원천적으로 끊어야 새로운 희망이 보이리라 본다.

2011. 3. 10(木)

⚜ 누가 다윗이고 누가 골리앗인가

메아리 없는 개헌 전도를 위해 한국판 다윗이 되겠다고 L 장관의 열정(?)을 보니 우선 두 가지 물음이 생긴다.

순박한 목동 다윗인지 아니면 최고의 권력과 영화를 누렸던 다윗 왕이 되고자 하는 건지 참 알쏭달쏭하다.

그는 선진국 진입 개헌을 마치 골리앗(개헌 반대론자)이 방해한다는 뉘앙스를 풍기면서 '골리앗도 결국 다윗의 돌멩이 하나에 쓰러졌다' 는 식으로 개헌에 자신감을 내비치고 있다.

성경엔 소년 다윗이 거인 골리앗을 처치해 후일에 왕이 됐지만, 스스로 한국판 다윗과 골리앗을 설정해 만든 그 전도(傳道) 시나리오가 어쩌면 성경모독이 아닐까 싶다.

국민 여론을 무시하는 오만과 독선의 개헌론자라면 과연 누가 다윗이고 누가 골리앗이겠는가……

2011. 2. 28(月)

⚜ 흙더미 속의 비명 소리

참 슬프고도 슬픈 일이다.

비록 말 못하는 동물들이긴 하지만 흙 속에 묻힌 300만 마리 소 · 돼지의 비명 소리가 들리는 듯싶다.

우리는 왜 죄 없는 그 생명들을 그렇게 끔찍이 대학살 해야만 했는가.

그들을 영구 불치나 다름없는 구제역에서 보호하지 못한 책임은 전적으로 우리 인간들 몫이라 그 책임은 너나 할 것 없이 통감해야 하지 않을까.

요즘 침출수다 뭐다 하며 흙더미 속의 반란이 심상치 않다 싶다.

우리 모두 자업자득의 교훈임을 반성해야 하지 않을까.

2011. 2. 25(金)

✤ '저 포도는 시다'라는 이솝 우화

최근 모당의 P 전 대표의 지지율을 놓고 설왕설래 식 무의미한 발언들이 나오고 있다. 참 한심하다.

심지어 같은 당 식구로서 정권 재창출을 말하면서 차기 대권주자 중 압도적 지지율을 별의미가 없다고 본다면 그야말로 자기모순이 아닌가 싶다.

'팔은 안으로 굽는다' 는 속담이 무색할 지경이다.

국민지지율에 있어서도 최고의 경쟁력 있는 차기주자에 대해 같은 배를 탄 사람으로서 확신도 없이 무슨 정권 재창출을 운위할 수 있단 말인가.

아니, 앞으로 시간이 많이 남아 있어 그 지지율이 떨어지기라도 바란다는 느낌으로 다가온다.

'저 포도는 시다' 라는 이솝우화가 문득 떠오른다.

2011. 2. 20(日)

✤ YS, 대도무문 아닌 소도유문식 발상

YS는 이집트 사태와 관련해 성명을 발표하면서 또 다른 전임 대통령인 P 전 대통령을 원색적으로 비판하고 나섰다.

이는 세계 어느 나라에서도 찾아볼 수 없는 희귀한 일인 것 같다.

같은 대통령직 출신으로서 결국 자기 얼굴에 침 뱉기 식이 아닌 가 라는 생각이 든다.

용이 되어 보지 못한 이무기라면 모르겠지만, 일국의 대통령을 지내신 분이 지난 야당 당수시절로 되돌아 간 듯한 그런 발언은 국민의 눈살을 찌푸리게 할 것이다.

역대 대통령 성적표에서 하위 순위인 자신이 제1순위인 P 전 대통령을 연이어 비판 공격하고 있다. 이게 같은 배를 타본 선장으로서 최소한 지켜야 할 예의가 아니지 않겠는가.

자신이 평생 정치 좌우명으로 내걸었던 대도무문(大道無門, 사람으로서 마땅히 지켜야 할 큰 도리나 정도에는 거칠 것이 없다.)이 아닌 소도유문(小道有門)식 발상이라는 느낌을 감출 수 없다.

2011. 2. 17(木)

⚜ 머슴이 현 주인을 버려서야 되겠는가

현역 광역단체장의 대권 도전 행보는 아마 해당 지역 유권자들에게 큰 당혹감과 실망을 안겨 주리라 본다.

K 지사는 얼마 전 지방선거에서 당선된 지방정부의 수장이 아닌가. 적어도 그 지역 정부의 수장이라면 당연히 주어진 임기동안 도정 살림을 잘 살아줄 의무가 있는 큰 머슴이라고 본다.

그런데, 최근 그는 대권 도전 의사를 묻는 기자들의 질문에 '아직 기간이 많이 남았다' 며 확답을 피한 채 회색 발언을 하는 그의 모습은 참으로 이해할 수 없다 싶다.

도지사직과 대권 도전 문제를 놓고 저울질을 하고 있지 않고서야 어떻게 그런 불분명한 태도가 나올 수 있겠는가 싶다.

만일 어느 머슴이 다른 집에서 새경을 더 주겠다고 하니까 현 주인을 버리고 도중에 그 집으로 쫓아간다면 누가 그를 곱게 보겠는가. 새경을 더 받으려고 약속기간을 파기하고 그 자리를 내팽개친다면 상식적으로 납득이 될 일이 아니라고 본다.

정녕 그 머슴이 능력가라면 주인과의 약속대로 맡은 일을 잘 끝내준다면 언제든지 새로운 기회는 오게 마련이다.

그런데 도중하차까지 하면서 '나 아니면 안 된다' 는 식으로 말을 갈아탄다면 자기 자신을 위해서라는 오히려 나중에 올 수 있는 더 큰 떡을 놓칠 수밖에 없지 않나 싶다.

2011. 1. 30(日)

⚜ 고 박완서 선생님을 그리며

한국 문학계의 큰 별이신 고 박완서 선생님의 명복을 빈다.

그는 언제나 잔잔한 미소와 주옥같은 작품으로 동 시대를 살아가는 우리들에게 큰 위안과 감동을 주신 분이다.

그는 이제 떠났지만 그의 문학정신은 늘 우리 곁에 살아 있으리라 본다.

2011. 1. 22(土)

⚜ 무상복지, 환심 사기 불과한 공수표

무상복지 시리즈가 참 우려스럽다 싶다.

지금 우리는 선진국에 이제 막 진입하려는 단계다.

선진국에서조차 아직 우리나라 야당의 퍼주기 식 무상복지제도는 없다고 본다.

더욱이 큰 국가 빚을 안고 있는 우리의 실정을 감안한다면 이건 무상복지를 내건 환심 사기에 불과한 공수표라는 느낌이 강하게 든다.

2011. 1. 16(日)

✤ 헌법제도를 탓하기 전에 자기반성부터

L 장관은 선진국이 되기 위해선 분권형 대통령제 개헌을 역설하고 있다.

분권형 대통령제는 의원 내각제나 이원집정제와 오십보백보나 다름없다.

우리는 이미 당내 파벌싸움과 정쟁으로 날 새는 줄 몰랐던 제2공화국의 의원내각제 폐해를 경험해 보지 않았는가.

분권형 대통령제가 결국 국회의 권력을 '누이 좋고 매부 좋은' 식으로 사이좋게 나눠먹기 하자는 것이 아닌지 국민들은 의심의 눈초리로 바라보고 있는 것 같다.

지금 국민이 바라는 것은 그가 내세운 그런 개헌에 관한 관심이 아니라 더 앞서서는 정치권의 자기반성이다.

헌법제도를 탓하기 전에 정치인 각자가 먼저 수신제가 되리라 본다.

2011. 1. 11(火)

✤ 개헌론자 속셈이 정말 아리송해

개헌론자의 개헌 주장은 아마 십중팔구는 국민이나 국가보다 정략적 정치이기주의가 아닌가 싶다.

그래서 그 개헌론 불씨는 결국 국민의 마음에 불을 붙이지 못하는 죽은 불씨로 끝나리라 본다.

겉으로는 선진국 진입을 위한 개헌이라고 하지만 내각제도 거쳐 본 우리 헌정사여서 그래도 대통령제로서 선진국으로 잘 가고 있지 않은가.

왜 구태여 대통령제의 차바퀴를 바꾸려고 하는지 그 속셈이 정말 아리송 아리송 해.

2011. 1. 9(日)

✤ 현역 광역단체장 대선 출마, 국민 우롱

선출직 광역단체장이 임기 중간에 또 다른 선거에 출마한다면 아마 해당 지역 유권자 대다수가 우롱 당했다고 질타할 것이다.

국민의 입장에서도 이를 현역 단체장이란 프리미엄을 이용하려는 개인 권력 이기주의로 치부하고, 결코 용납하지 않으리라 본다.

어느 사공이 강 중간쯤 가다가 풍랑이 일자 자기만 살겠다고 자기를 믿고 배에 탄 사람들을 팽개치고 다른 큰 배로 갈아탄다면, 그게 어디 사공이라 할 수 있겠는가 하는 생각이 든다.

만약 그가 유권자에 의해 직접 선출된 단체장이 아니라면 어느 누가 왈가왈부 하겠는가…….

2011. 1. 1(土)

⚜ 5·16을 맞이해본 조각 생각

오늘이 5·16 혁명 50주년이다.

5·16에 대한 국민의 긍정적인 평가가 압도적이고 박정희 전 대통령은 '다시 뽑고 싶은 대통령' 조사에서도 으뜸이다.

대한민국 발전에 크게 기여한 인물 중에서 절대적 평가를 받고 있는 박 전 대통령이야말로 우리 국민 가슴속에 생생하게 살아 있고 또 영원히 살아있을 것이다.

혼란스런 이 시대를 바르게 이끌어 줄 국가 리더십이 절실한 이때인지라, 특히 오늘을 맞고 보니 소탈하고 청렴하면서 오직 구국일념으로 사시다 가신 그분이 더욱 그리워진다.

아직도 그분에 대해 입버릇처럼 쿠데타니 독재니 하면서 부정적 평가를 일삼는 사람이 있다면 이제 그런 무책임한 발언들을 거두어 주었으면 한다.

그것은 다름 아닌 국민적 바람이요 시대적 요구이기 때문이다.

2011. 5. 16(月)

2. 북악에서 불어오는 바람

⚜ 기대해 보는 MB와 박근혜 전 대표의 만남

이명박 대통령은 오늘 청와대에서 대통령 특사로 유럽을 방문하여 외교적 성과를 성공적으로 끝내고 돌아온 한나라당 박근혜 전 대표와 회동한다.

두 분의 만남에 대해서는 그동안 국민들에게 소원함과 어색함으로 비추어진 거리감을 좁힐 수 있는 허심탄회한 대화의 기회가 되리라 국민들은 큰 기대를 걸고 있다.

그간 정부 여당 내부의 갈등과 소통부재가 일견 국정의 난맥을 드러내게 했고, 결국 국론분열의 빌미가 되었다는 사실을 모르고 있을 국민이 과연 어디 있겠는가 싶다.

오늘 두 분의 회동이 오랜 가뭄 끝에 내리는 시원한 단비 같은 아름다운 만남이 되어 국민들에게 기쁨을 안겨 주기를 고대하고 고대해 본다.

2009. 9. 16(水)

✤ 아름다운 화합, MB와 박근혜 전 대표의 회동

이명박 대통령과 한나라당 박근혜 전 대표는 오늘 청와대에서 시종 밝은 분위기 속에서 회동하였다. 대통령 특사 자격으로 유럽을 방문한 박 전 대표로부터 특사 방문 성과를 보고받고 노고를 치하하는 자리지만 두 분의 만남에 대한 국민들의 기대는 매우 크다.

지금 우리나라는 여러 면에서 국가적 위기를 맞고 있는 만큼, 두 분이 서로 이해하고 협력하는 것이 국민적 여망에 보답하고 시대적 소명에 따르는 길이다.

뿐만 아니라 두 분간의 원숙한 화합의 모습만이 국민들을 안심시키고 국정운영을 효과적으로 이끌어 갈 수 있는 유일한 길이며 동시에 저회(低徊)하고 있는 우리 정치 문화를 한 단계 높일 수 있다고 보기 때문이다.

오늘 환하게 웃는 두 분의 아름다운 만남이 국민들에게 큰 기쁨과 희망을 안겨주었고 앞으로도 국정의 동반자로서 국정을 함께 논의하여 주기를 바라마지 않는다.

2009. 9. 16(水)

⚜ 높이 평가할만한 한·미 정상회담

이명박 대통령과 버락 오바마 미국 대통령이 19일 청와대에서 한·미 정상회담을 가졌다.

이 회담에서 북핵문제 등 양국 최대 현안문제 해결을 위해 전례 없이 실속 있는 성과를 도출해낸 것은 높이 평가받을 일이다.

특히 우리 정부의 북핵 일괄 타결방안인 '그랜드 바겐'에 대해 '백악관'이 아닌 '청와대'에서 두 정상이 그 어떤 견해차도 없이 전적으로 공감하고 앞으로 긴밀하게 협의해 나가겠다는 것은 매우 고무적인 일이다.

하지만 양국의 초미의 관심사인 FTA(한미 자유무역협정) 비준 문제에 대한 실질적인 논의가 이루어지지 않고 뒤로 미루어졌다는 것은 좀 아쉬운 일이다.

2009. 11. 19(木)

⚜ 안타까운 노무현 전 대통령의 서거

먼저 노무현 전 대통령의 서거에 대해 애도하고 명복을 빈다.

사실상 정치보복의 사정 칼날 앞에 자살이란 최후의 선택을 택한 노 전 대통령의 서거는 공권력이 강요한 타살이나 다름없다는 입소문이 파다하다.

과거 정몽헌 현대그룹 회장을 비롯해 안상영 부산시장, 박태영 전남지사 등도 검찰조사를 받던 중 자살을 택했던 기억이 새롭다.

그렇다면 이제 검찰이 확 바뀌어야 한다. 특히 정권의 하수인 노릇하는 중수부는 반드시 해체되어야 한다는 여론이 높다.

노 전 대통령이 불법자금을 수수한 죄가 분명하다면 당연히 엄정한 법의 심판을 받아야 한다.

하지만 검찰은 온갖 시시콜콜한 의혹을 언론에 흘리면서 전직 대통령을 파렴치범 수준으로 끌어내리는 수치심과 굴욕감을 주었고 동시에 정치적으로도 매장시켰다.

검찰은 불법 여부와 책임소재도 불명확한 사안을 들어 노 전 대통령에 대해 사실상 여론재판을 하다가 자살에 이르도록 한 것이 아닌가.

현 정권은 정치적 이해타산만을 따져 노 전 대통령을 핍박하고 우롱하다 결국 비극적인 최후에 이르게 한데 대한 책임을 면할 수 없을 것이다. 이것은 비단 나만의 생각은 아니리라 본다.

2009. 5. 23(土)

누구도 원망하지 마라

오늘은 고 노무현 전 대통령의 국민장이 엄숙히 거행되는 날이다.

노무현 전 대통령의 명복을 빈다.

그분의 급작스런 서거와 영원한 이별을 받아들여야 하는 이 나라 정치상황이 몹시 서글프다.

그분의 충격적인 서거는 ‘정치보복의 편파사정에 의한 희생양이다’ 라고 국민들은 생각하고 이를 슬퍼한다.

하지만 노무현 전 대통령은 자신의 절망감을 드러내면서도 ‘누구도 원망하지 마라’ 라는 사랑과 화해의 마음을 담은 유서를 남기고 떠났다.

이는 대국민 화합의 메시지를 담고 있는 유언과 다름없다.

현 정권은 노 전 대통령의 유지(遺志)를 받들어 진정한 대국민 화합을 이루어내어야 하리라 본다. 뿐만 아니라 그분에 대한 전국적 추모 열기의 의미를 깊이 새기고 엄혹한 자성도 있어야만 할 것이다.

앞으로 다시는 이 같은 국가적 비극 그리고 일련의 정치보복 같은 일이 일어나지 않았으면 하는 마음 간절하다.

2009. 5. 29(金)

세종시, 성형수술이면 족하지 왜 대수술을

이명박 대통령은 27일 밤 ‘대통령과의 대화’ 에서 세종시 원안 추진 약속을 지키지 못한 것에 대해 사과를 하면서 세종시 수정의 불가피성을 피력했다.

세종시 원안에 부족한 부분이 있다면 보완성형수술만 하면 될 일인데, 심지어 다음 정부 운운하며 왜 구태여 국민여론의 강한 저항을 받아가면서까지 ‘수정’ 이란 대수술을 강행하려고 하는지 그 속뜻을 도저히 가늠할 수 없어 대단히 안타까울 따름이다.

2009. 11. 28(土)

✣ 정곡을 벗어난 100분간의 대화

11월 27일 밤 '대통령과의 대화'는 '대화'가 아니라 '대통령의 만담'에 가까웠다.

대화란 것은 토론과 설득이다. 그런데 세종시는 무조건 수정해야 하고, 4대강 사업도 무조건 해야 한다는 '대통령 자신만의 고정불변의 입장'만을 반복한다면 그것은 더 이상 대화가 아닌 '강요'이다.

게다가 이명박 대통령이 국민에게 설명하는 수준도 기대치에 못 미치고 있다.

대통령은 '4대강 사업에 왜 그렇게 많은 예산을 한꺼번에 투입시키느냐'는 질문에 자신이 과거 현대건설 시절 때 겪은 경험을 들어 답했다.

'보금자리 주택기준이 까다로워 들어가기가 어렵다'는 신혼부부의 하소연에도 느닷없이 40년 전 자신의 신혼경험담을 들어 위로했다.

'눈높이를 낮추라는 말만 계속하지 말고 실질적인 취업대책을 마련해 달라'는 대학생의 질문에도 대통령 자신이 중소기업부터 다녔다는 40년 전 이야기로 답했다.

국민은 현실과 미래를 묻고 있는데, 대통령은 늘 40년 전, 심지어 50

년 전 어렵고 힘들던 옛날 옛적 호랑이 담배피던 시절 얘기만 하고 있다. 그것도 지극히 자신으로 한정된 '경험담'을 마치 '만고불변의 진리' 인양 답변하고 있다.

이건 대화가 아니라 만담이다.

더 이상 국민들은 정곡을 벗어난 대통령의 대화를 듣고 싶어 하지 않는다는 점을 알아주었으면 좋겠다.

2009. 11. 28(土)

✤ 대통령의 천안함 사태 추모연설을 들으며

이명박 대통령이 19일 오전 '대국민 특별 메시지'로 천안함 희생 장병 추모연설을 했다.

이 대통령은 이번 연설에서 천안함 희생 장병들에 대한 깊은 추모의 뜻을 밝히면서 국군통수권자로서 애통한 심정을 절절히 보여 주었다.

특히 실종된 장병들을 끝내 구조하지 못한 안타까운 상황에 대한 자책과 비통함을 나타낸 연설은 어찌 보면 천안함 참사를 유발시킨 그 외부적 책임을 묻고자 하는 상징적 결의를 보여준 것이기도 하다.

그 중에서 사고원인을 직접 언급하지 않은 것은 현재 북한관련설에 혐의를 둔 가운데, 만약 그것이 북한이라면 '닭 잡아먹고 오리발' 내밀지 못 하도록 명백한 증거를 확보한 후 국제사회와 공조하여 단호한 대응조치를 취하겠다는 깊은 뜻이 깔려 있지 않나 싶다.

대통령의 이번 연설이 청천벽력 같은 사고로 슬픔에 잠긴 희생 장병 유가족 분들과 국민들에게는 위로가 되어야 하고, 반대로 이번 사고 수습과정에서 실망과 불신을 자초한 군 당국에게는 뼈아픈 채찍질의 교훈이 되어야 하리라 본다.

2010. 4. 19(月)

✤ MB 정부에 거는 기대

이명박 대통령이 4일 청와대에서 가진 신년연설에서 "글로벌 외교를 강화하고 선진일류국가의 기초를 닦아 더 큰 대한민국을 건설하겠다."라고 밝힌 국정운영 기조와 핵심과제에 대해 환영하고 이를 지지하는 바다.

국민의 위임을 받은 이명박 정부가 오늘 밝힌 새해의 국정운영 목표 달성은 뭐니 해도 그 실천여부와 그에 따른 합리적인 방법론에 그 성패가 달려 있다.

호랑이 해인 2010년은 우리나라가 국내외적인 사정으로 보아 도약으로 나아가느냐 아니면 겨울잠이냐 하는 절체절명의 시기이고 기회이다.

그런데 이 대통령이 이번 신년연설에서 남북문제와 G20정상회의 개최 등과 같은 외치문제에 관해서는 신념에 차 있으나 국내정치문제 등 내치문제에 관해서는 다소 미흡하다 싶다.

대통령이 이번에 표방했던 이른 바 '더 큰 대한민국 건설을 위한 선진일류국가'로 나아가려면 경제발전은 물론 정치문화 발전도 반드시 선진화돼야만 할 것이다.

'우물 안 개구리' 식 지금의 퇴영적인 정치 후진성 청산 없이는 '선진 일류 국가, 더 큰 대한민국'이 되기에는 요원하기 때문이다.

이 대통령은 정치와 경제, 내치와 외치는 빛과 그림자요 그림자와 빛의 관계임을 상기하면서 금년이 호랑이 해인 만큼 말 그대로 쌍두마(馬)차가 아닌 쌍두 호(虎)차를 잘 이끌어 주었으면 하는 큰 기대를 걸어본다.

2010. 1. 4(月)

✤ MB의 대북정책을 보는 소회

이명박 대통령이 어제 영국 파이낸셜타임스(FT) 인터뷰에서 "북한의 미사일 발사에 군사적으로 대응하는 데 반대한다."라고 밝히면서 "일본이 격추하겠다고 한 것은 미사일이 일본 영해에 떨어질 것에 대비한 자국민 보호차원이므로 반대할 수는 없다는 입장"이라고 말했다.

북한의 미사일 발사가 초읽기에 들어간 시점에서 나온 이 대통령의 이 같은 발언은 대북정책의 일대 전환을 시사하는 것으로서, 이는 대다수 국민들을 어리둥절하게 만들고 있다.

이 대통령은 그동안 북한의 장거리 로켓 발사 발표 이래 한결같이

"북한이 군사적 위협은 물론 민간에 대한 위협도 서슴지 않고 있다." 면서, 이는 유엔 제재 대상이라고 강경한 입장을 천명해 왔다.

그런데 이 대통령의 이번 대북발언이 갑작스레 바뀌었다. 혹여 미국의 대북정책 입장에 맞춘 것이라면, 결과적으로 이는 한·미 공조가 허술하다는 우려를 갖게 할 뿐 아니라, 뒤늦게 미국의 입장을 따라가는 듯한 뒷북치는 꼴이 아닌가 여겨진다.

현 정부는 일본의 입장을 앞세울 것이 아니라, 우리 국민의 안전보호가 최우선시 되어야 한다는 점을 결코 간과해선 안 된다.

뿐만 아니라 한반도 평화와 남북관계 발전을 위해서도 원칙 있고 투명한 대북정책기조를 계속 유지해야 함은 췌언을 요치 않으리라 본다.

2009. 03. 31(火)

✤ 때를 잘 맞춘 한미정상회담

이명박 대통령과 버락 오바마 대통령은 16일 워싱턴에서 한미정상회담을 갖고 현재 주어진 상황에 맞는 '한미동맹을 위한 공동비전' 을 채택했다.

이 자리에서 두 정상은 눈앞에 닥친 북한의 핵문제 대응과 한미자유무역협정(FTA), 환경문제 등을 다루었다.

특히 북핵 대응문제에 대해서는 대북 압박을 위한 한미공조 방향을 확고하게 서로 확인해본 회담이다.

이는 아마 그동안 '소 잃고 외양간 고친 격' 이 되고만 북한의 기본 속셈을 간과한 대북정책의 실책에 대한 뼈아픈 반성에서 비롯되었다고 본다.

한미 간의 확고한 공조를 바탕으로 북핵 문제 등을 해결하려는 이번 회담은 시의적절하고 환영할만한 일이다. 뿐만 아니라 한미는 지난 시절처럼 어려움이 있을 때면 변함없고 굳건한 협력의 동반자 관계라는 사실을 다시 한 번 확인시켜 준 것이다.

하지만 한미는 북한을 설득하고 개방을 유도하여 국제사회에 동참의 기회를 갖도록 하는 노력도 병행하는 것이 어쩌면 최우선 과제라고 생각한다.

그런데 특히 이번 회담 중에 주요 의제의 하나인 한미FTA 문제에 대해선 명확한 합의가 이루어진 것 같지 않아, 혹시 북핵문제의 합의에 가려 미국의 입장을 그대로 반영된 것은 아닌지 모르겠다. 그런 점이 이번 회담의 성과에 있어서 '옥에 티' 가 된 것 같다.

2009. 6. 17(水)

⚜ 오바마 방한, 역사적인 회담이 되도록

오늘 오바마 미국 대통령이 방한하여 북한 문제 해법을 찾기 위해 이명박 대통령과 19일 한미정상회담을 갖게 된 것을 기쁘게 생각한다.

사실 오바마 정부의 핵무기 없는 세계와 이명박 정부의 비핵 개방

정책은 그 기본정신이 같다고 본다.

그런데 오바마 대통령은 이번 정상회담에서 북한의 비핵화를 위한 북미 양자 간 직접대화와 관련해 우리정부에게 이해와 협조를 분명히 구할 것으로 보인다.

이럴 경우에 이 대통령은 북미회담 의제에 대해 오바마 대통령과 사전에 충분히 협의 · 조율하여 우리 입장이 최대로 반영되도록 협조를 구해 두어야만 할 것이다. 이것이 바로 한미 간의 확고한 공조에 금이 가지 않도록 하는 예방이며 북핵 문제 해결에도 기여하는 수순(手順)이라고 본다.

아울러 우리정부도 남북정상회담 추진 문제와 이른바 '그랜드 바겐(Grand Bargain)' 구상에 관해 미국 측이 동의하고 지지할 수 있는 충분한 배경 설명을 반드시 할 수 있어야만 될 것이다.

한미 양 정상의 이번 서울 회담이 북핵문제 해법을 찾을 수 있는 결정적이고 역사적인 만남이 되기를 바란다.

2009. 11. 18(水)

3. 남북 화해의 길은 아직 멀고

✤ 북한의 도발, 더 이상 먹혀들지 않도록

정부 당국은 북한이 오늘 스커드 급으로 보이는 미사일 두 발을 동해 쪽으로 발사했다고 밝혔다.

이는 우리나라와 국제사회를 향한 명백한 도발적 행위로써, 국제사회는 이를 결코 용납하지 않을 것이다.

북한은 지난 2차 핵실험 이후 미사일 발사 등 무모한 추가도발을 계속하고 있는데, 이제는 더 이상 그런 상투적인 전술로서는 아무것도 얻을 수 없다는 사실을 명심해야 할 것이다.

정부는 마치 어린아이 불장난 같은 북한의 이런 도발행위에는 반드시 상응하는 대가가 따른다는 인식을 갖도록 강력한 조처의 수순을 밟아나갔으면 한다.

2009. 7. 4(土)

✤ 북측의 오만불손, 묵과할 수 없어

오늘 북한이 최근 서해교전과 관련, "평화 파괴자 운운하면서 조선 서해에는 오직 우리가 설정한 해상분계선만이 있고, 지금 이 시각부터 그것을 지키기 위해 무자비한 군사적 조치가 취해지게 될 것이며 남측의 북방한계선 고수입장이 더 이상 통하지 않는다는 것을 알아야 한다."라는 협박성 통지문을 보내왔다.

이는 도저히 묵과할 수 없는 상투적인 수법의 협박이다.

우리 정부도 "적반하장도 유분수지 평화의 파괴는 도대체 누가 해 놓고 지금에 와서 되레 책임을 뒤집어씌우느냐"라는 경고용 항의 통지문을 응당 북측에 보내야 한다.

현 정부의 확고한 대북정책은 국민의 지지를 많이 받고 있는 만큼 북측의 오만불손한 책동에 대해 가일층 단호하게 대응해 주었으면 한다.

2009. 11. 13(金)

✤ 개성공단 정상화와 특단의 조치

북한이 지난 9일에 이어 또 다시 나흘째 개성공단 통행 출입을 차단하여 민간인 720여 명을 사실상 억류했다가, 이에 대한 국제사회 비난 여론이 높아지자 곧 뒤이어 선별적으로 통행을 허용한다고 밝혔다.

이는 북한이 국제사회 여론을 때때로 의식하긴 하지만, 정작 그동안 아량을 베풀어 준 우리나라는 안중에도 없이 우습게 알고 함부로 대하고 있는 배은망덕한 행동이라 지탄받아 마땅하다고 본다.

이번 북측의 개성공단 통행 차단 조치의 속셈은 남북한 간의 긴장을 고조시켜 국제사회의 관심을 끌어내어 대미 협상용 카드로 이용하고 한국을 압박하기 위한 의도된 행동임은 자명하다.

우리정부는 이제 더 이상 합리적 대화와 당근만으로 북한의 근본적 태도 변화를 이끌어낼 수 없다는 사실을 알고, 이번 기회에 모든 수단과 방법을 써서 북한의 잘못된 버르장머리를 확실히 고쳐 놓아야 할 것이다. 그것이 남북한 간에 진정한 발전과 한반도의 평화를 실현하는 지름길이다.

특히 정부는 북한이 개성공단 통행을 재개시키더라도 이것은 어디까지나 임시방편은 될지언정, 개성공단 정상화를 위한 근본적인 해결책은 될 수 없다는 점을 고려하여, 오늘의 개성공단 상황에 부합되게 적절한 조치를 반드시 취해야 한다.

북한은 우리나라가 그동안 남북관계 정상화를 위해서 기울인 노력을 결코 잊어서는 안 될 것이다. 지금처럼 잘못된 북측의 의도로는 그들의 미래가 보장되는 상황은 결코 오지 않으리라는 점을 명심해주었으면 한다.

2009. 3. 16(月)

⚜ 파렴치한 북한 정권

어제 개성공단에서 북한의 제의로 이뤄진 남북 당국 간 접촉 결과는 아무런 성과도 없이 북측의 일방적인 엄포성 경고(?)만 듣고 단 22분 만에 발길을 돌려야만 했다.

이는 어느 정도 예견됐던 일이긴 하지만, 북한 정권이 참 무례하고도 파렴치한 집단이라는 것을 다시 한 번 드러낸 셈이다. 결과적으로 이번 정부 대표단의 방북은 북측의 술책에 빠져든 격이라 참으로 어처구니없는 일이 되고 말았다.

북한 당국의 노림수는 우리 정부의 PSI(대량살상무기확산방지구상) 전면 참여를 방해하는데 목적이 있는데, 어떻게 우리가 제의하는 요구를 순순히 들어주겠는가.

더구나 북한은 지금까지 조건부 대화가 아닌 이상 남북 간의 실질적이고도 정상적인 대화를 위해 단 한 차례도 성실히 임한 적이 없었다고 본다.

심지어 북한은 이번 남북 당국 간 접촉에서 개성공단 관련 남북합의서 내용을 사실상 깨겠다고 통보해온 만큼, 우리 정부도 '개성공단 폐쇄' 와 같은 강력한 입장을 내보여야 하고 더 이상 북측의 의도대로 끌려들어가서는 안 되리라 본다.

그리고 정부는 북측의 태도변화를 혹시나 하고 기대하면서 미루어온 PSI 전면가입도 이미 천명한대로 당당하게 즉각 선포해야 할 것이다.

이번 경우처럼 '믿는 도끼에 발등 찍힌다' 는 속담 같이 북한을 함부로 믿다가 해를 입는 일은 다시는 없어야 될 줄 믿는다.

2009. 4. 22(水)

✣ 용납될 수 없는 군사 위협

북한이 한·미 군사합동훈련을 이유로 남북한 군통신선 차단을 통보한 후 개성공단 방문객의 입북을 막고 있다.

또한 북한군 최고사령부도 "전체 인민군 장병들이 만반의 전투 준비를 갖추라"고 명령을 하달했다면서 긴장을 잔뜩 고조시키고 있다. 정말 어처구니가 없다.

이는 같은 민족이란 인도적 견지에서 도움을 아끼지 않았던 우리나라는 물론 동북아지역 평화와 안전을 멋대로 위협하는 도저히 용납될 수 없는 일이다.

그간 북한은 여러 차례에 걸쳐 우리나라와 미국에 대해 군사도발위협과 적대적 수사를 동원하여 계속 협박하여 오지 않았는가.

제발 북한 당국은 지금이라도 이성을 찾기를 바라고 허무맹랑한 군사 위협 카드를 포기하고 정치적 협상 테이블로 돌아와 주길 바란다.

적어도 자국의 이익과 국제사회에서 살아남기 위해서라면 책임 있는 자세로 진지하게 대화에 응해야 하는데 왜 그것을 모르고 있는지 안타깝다.

2009. 3. 9(月)

⚜ 북한 정권의 천안함 만행

민군합동조사단이 20일 북한에 의한 어뢰공격으로 천안함이 침몰했다고 공식 발표했다. 이는 어느 정도 예상했던 결과이지만 참으로 천인공노할 반민족적 만행이다.

정부는 북한 정권의 이런 범죄적 도발에 대해 어떤 형태로든 단호한 대응조치를 취해야만 한다. 뿐만 아니라 북한 잠수함이 천안함에 근접해 어뢰를 공격할 때까지 과연 우리군은 무엇을 했는지에 대한 국민들의 비판과 우려도 높은 만큼, 이번 사건에 대해 책임을 통감하면서 두 번 다시는 그와 유사한 사건이 일어나지 않도록 만반의 준비를 해야만 한다.

특히 정치권은 이번 천안함 사건을 '정략적 몰이' 차원에서 정치적 공세를 취해서는 안 된다고 보며 국가안보문제에 대해서만은 여야가 따로 있을 수 없고 한 목소리로 대응해야만 하지 않을까 싶다.

야당도 현 정부를 안보무능정권으로 말하기 전에 북한에는 핵무기 은닉이 가능한 11,000개의 땅굴이 왜 있는지 그리고 반인륜적인 천안함 공격에 대해서도 먼저 분명한 입장을 밝혀야만 한다.

북한의 이번 야만적 도발에 대해 군사적 보복응징을 해야 한다는 여론도 높지만 군사적 대응만은 신중해야 할 것이다.

한·중 정상회담(4월 30일) 직후 우리에게는 사전 통보도 없이 북·중 정상회담(5월 5~6일)을 진행한 중국이 북한을 꼭 껴안고 있는 한 군사적 보복공격은 더욱 더 신중해야만 하리라 본다.

정부는 이번 천안함 사건의 만행을 저지른 북한정권에 대해 국제공조를 통한 강력한 대북제재 조치가 이루어지도록 외교적 총력을 다 해야만 할 것이다.

2010. 5. 20(木)

⚜ 천안함 침몰사고, 인명구조가 최우선

27일 백령도 인근에서 해군 초계함 침몰사고가 발생했다. 그 원인이 무엇이든 참으로 불행하고도 안타까운 일이다.

현재 승선인원 104명 중 58명을 구조했다고 한다. 그러나 아직도 46명이 실종되어 있는 상태다.

정부 당국은 침몰사고의 정확한 원인 파악과 대책강구도 중요하겠지만, 무엇보다 실종된 우리군의 인명구조 작업이 최우선이라는 점을 알고 최선을 다하여야 하리라 본다.

이번 침몰사고의 원인이 그 어느 쪽으로 판명이 나든 간에 그 어떤 경우에도 국민의 지지와 신뢰를 받고 있는 현 정부의 대북정책 기조가 계속 유지되어야 함은 자명지사다.

다시 한 번 실종된 우리군의 인명구조에 최선을 다해 신뢰받는 정부의 모습을 유감없이 보여주었으면 하는 마음 간절하다.

2010. 3. 27(土)

⚜ '천안함' 참사, 타산지석의 큰 교훈으로

참 슬프고 슬픈 일이다.

유명을 달리한 실종 장병들의 명복을 빌 뿐이다.

전원 사망이란 비보는 그 가족과 온 국민들에게 큰 충격과 슬픔을 안겨주고 있다.

이런 비극적인 결말은 사고 수습 과정에서 이미 예견되어 있기도 했다.

최선이 없는 기적은 끝내 일어나지 않는다는 뼈아픈 교훈을 이번 사건에서 우리는 배웠을 것이다.

과연 그 누가 실종자 구조에 촌각을 다투어 후회 없는 노력을 다 했다고 말할 수 있겠는가.

칠흑 같은 바다 속에서 그들은 서로 부둥켜안고 구조의 손길을 애타게 기다리고 있는 그 시각, 과연 우리들은 어디에서 무엇을 했단 말인가.

참으로 부끄러울 뿐이다.

이번 '천안함' 참사는 우리 모두에게 타산지석의 큰 교훈을 주었다. 두 번 다시 그런 시행착오를 범하지 않게 하기 위해 우리는 만전의 대처능력을 반드시 키워 놓아야만 할 것이다.

민군합동조사단은 국가적 사명감을 갖고 '천안함' 참사의 실체적 진실을 밝혀내는데 최선을 다해야만 한다. 그리고 그 조사결과는 희생자 가족들이나 국민들이 충분히 납득하고 인정할 수 있어야만 할 것이다.

조국의 영해를 지키다가 꽃다운 나이에 희생된 그대들이여!

살아있는 우리들은 그대들의 희생을 결코 헛되게 하지 않게 하리니, 부디 편히 잠드시길……

2010. 4. 16(金)

국회 정론관에서 브리핑하고 있는 한 장면

✤ 시의적절한 대국민담화

이명박 대통령이 24일 천안함 침몰 사건과 관련해 대국민 담화를 발표했다.

이 대통령은 '무력도발을 자행한 북한에 대해 그 책임을 묻기 위해 단호한 대응조치를 강구 하겠다' 며 발표한 주요 방안들은 현실성도 있을 뿐만 아니라 시의(時宜)에도 맞는 적절한 것이라고 생각한다.

그리고 지금까지는 우리에 대한 북의 끊임없는 무력도발에 대해 수세적 입장에만 있었지만, 앞으로는 자위권 발동 등 '이에는 이' 로써 강력히 대응하겠다는 확고한 메시지를 담고 있어 그동안 위축된 국민의 마음을 잘 간파한 일벌백계 식 속 시원한 담화라고 본다.

또한 북한 잠수정이 우리 영해에 침투해 어뢰를 공격할 때까지 속수무책이었던 우리 군의 잘못에 대해 진솔하게 인정한 것도 국군통수권자로서 이번 사건을 계기로 군을 거듭나게 하여 국가 안보 태세에 만전을 기하겠다는 결연한 의지의 표현으로 보인다.

이제 정치권은 '국가 안보 앞에서 하나가 되어야 한다' 는 이 대통령의 호소를 선입견 없이 받아들여야만 한다. 국가 안위에 직결되는 안보 앞에서만은 여야가 따로 있을 수 없다는 것을 다 같이 명심하고 명심해 볼 일이다.

2010. 5. 24(月)

✤ 배은망덕의 북한 로켓 발사 보답(?)

북한정권이 끝내 장거리 로켓을 발사했다.

그들은 한미는 물론 국제사회의 로켓 발사 위협에 대한 우려와 경고를 무시한 채, 마치 우화에 나오는 '청개구리 생리'를 닮았는지 발사 강행이란 최악의 선택을 했다.

참으로 개탄하지 않을 수 없는 만행으로써 국제사회의 준엄한 심판을 면치 못할 것이다.

사실 그간 헐벗고 굶주린 북한 사회를 위해 우리는 물론 국제사회가 인도적 차원에서 지원한 전폭적인 도움에, 배은망덕하게도 로켓 발사로 보답(?)했다.

북한 정권의 이번 로켓 발사는 2006년 유엔 안보리에서 결의된 1718호에 대한 위반일 뿐 아니라 국제사회를 겨냥한 일종의 무력 도발이고, 이는 한반도의 평화는 물론 인류의 평화를 염원하는 우리 민족과 국제사회의 기대를 무참히 짓밟아버린 중차대한 도전이다.

이런 도발은 결국 북한 정권이 자초한 '부메랑 로켓'이 될 것이다.

그들은 이번 로켓발사가 궤도 진입에 실패되었음에도 불구하고, 진입성공이라고 끝까지 우기는 것을 보면, 아직도 이른바 '터널정치'가 통한다고 착각하고 있는 것 같다.

북한이 국제사회의 여론을 묵살하고 무모하게 로켓을 발사한 속셈은 대미 협상 압박용이라는 것을 세상이 다 알고 있는 만큼 결코 그들의 의도대로 되지 않는다는 점을 알아야 할 것이다.

현 정부는 정권초기부터 상호주의 원칙의 대북정책을 잘 견지해 왔다. 그 연장선에서 이번 북한의 무력 도발 행위에 대해 비록 '사후 약방문' 격이긴 하지만, 예방조치차원에서 한·미간 긴밀한 공조를 통해 강력한 대북제재는 물론, 이에 상응하는 단호한 조처로 응징해야 할 것이다.

만약 그렇게 하지 않으면 '하룻강아지 범 무서운 줄 모른다' 고 제2, 제3의 로켓 발사가 없으리라는 보장이 없다.

이제 북한 정권은 로켓 발사 만행에 따른 모든 책임을 져야 할 것이고, 자업자득으로 국제사회로부터 철저하게 고립된다는 사실도 깨닫게 될 것이다.

2009. 4. 5(日)

✣ 다시 필요한 제2의 6·15 선언

남북한의 평화적 공존을 위한 6·15 남북공동선언이 발표된 지 9년이 되었다.

6·15 공동선언은 적대적인 두 개의 정부가 서로의 실체를 인정하고, 상호교류와 협력의 길을 모색하기 위해 단절된 대화의 물꼬를 터놓게 한 역사적 의미가 있었다.

하지만 북한은 6·15 선언의 참뜻을 잊은 채 걸핏하면 한반도 및 동북아의 긴장을 고조시키기 위해 미사일 발사, 핵 실험 등 군사적 위협을 계속 강행하여 왔다. 그 결과 북한은 지금 안타깝게도 유엔 안보리 제재 결의 실행 대상국이 되어 있다. 뿐만 아니라 지금의 남북관계와 한반도의 정세는 9년 전의 6·15 선언 이전의 적대적 대결구도 상황으로 회귀하고 만 것 같다.

북측과 일부 야당에서는 오늘의 이런 상황을 적반하장으로 현 정부에게 덮어씌우고 있는 것 같다.

현 정부의 상호주의 원칙에 의한 대북정책의 기조는 보편성 있는 원칙이다. 오히려 북한이 정치게임 하듯 거의 요구일변도의 카드를 내더니 이제는 협박·대결구도의 카드를 쓰는 대남정책이 바로 오늘의 남북관계를 경색시킨 주범이라고 본다.

북한은 한반도의 평화와 협력의 동반자 관계를 진정으로 원한다면 먼저 남북 당국 간의 대화에 조건 없이 나서야 한다.

남북한 당국은 경색된 남북관계를 타개하고 실질적인 남북관계 발전과 평화적 공존이 가능하도록 서로가 결자해지의 의지를 갖고 이를 실천하는 것이 바로 제2의 6·15 남북공동선언이다.

서울의 봄 그리고 평양의 봄이 다함께 하루 속히 왔으면 하는 마음 간절하다.

2009. 6. 15(月)

✤ PSI 전면가입, 매우 바람직한 결정

정부는 오늘 대량살상무기(WMD) 확산방지구상(PSI)에 전면가입을 공식발표했는데 만시지탄은 있지만 매우 잘된 일이라고 생각한다.

무엇보다 이번 PSI 전면가입은 국제사회 여론을 존중하고 세계평화를 위한 국제협력에 주권국가로서 동참하게 되는 매우 바람직한 결정이다. 뿐만 아니라 대량살상무기 확산과 테러방지를 위한 국제 평화질서 대세에 참여하여 우리의 외교 위상을 한층 더 격상시킨 일이라고 본다.

그동안 북한의 반발을 의식하여 PSI 참여를 유보해온 것은 마치 '구더기 무서워 장 못 담그는 것' 처럼 우유부단의 한 단면을 보여주는 것 같았다.

하지만 PSI에 가입하면 '선전포고' 로 간주하겠다는 북측의 협박에도 불구하고 우리의 확고한 결의를 당당히 보여준 것은 높이 살만한 일이라고 본다.

2009. 5. 26(火)

4. 세 발 솥의 뜨거운 물

⚜ 누구를 위한 개헌인가

일부 정치권에서 헌법 개정을 위해 개헌논의를 서두르고 있다. 민생 문제 하나도 제대로 시원하게 해결 못하면서 개헌을 논한다는 것은 국민들의 우려와 빈축을 사기에 충분하다고 본다.

물론 헌법 개정 자체를 원칙적으로 반대하지는 않지만, 지금은 개헌 논의의 적기가 아닌 만큼 신중하게 접근해야 하지 않을까.

개헌은 국민의 요구와 필요에 의해 그 공감대가 형성된 후에 추진하는 것이 순리다. 만약 그렇지 않으면 마치 무르익은 감 홍시(紅柹)가 되기도 전에 풋감을 따먹는 격이 되고 말 것이다.

더욱이나 지금 국회로 보면 민생, 쟁점법안 등 시급한 현안들이 산적되어 있는데 개헌 문제까지 불거진다면 엎친 데 덮친 격으로 또다시 국회가 표류하지 않으리라는 보장이 없지 않으리라 본다.

모든 문제 처리에 있어서는 완급의 조절이 필요하듯, 개헌 문제도 국회에 산적되어 있는 현안들을 먼저 처리한 후 국민이 원하는 방향으로 논의 처리되어야 함은 자명한 이치요 사실이며 수순이다.

과거 헌정사를 돌아보면 여러 차례의 개헌이 있었지만 결과적으로는 다람쥐 쳇바퀴 돌듯 정치적으로 아직도 의사(擬似) 민주주의 수준에 머무르고 있다는 것은 개헌이 결코 왕도가 될 수 없다는 점도 되새겨 볼 필요가 있다.

아무리 튼튼하고 번드레한 고급 새 차로 바꿔도 운전자가 운전을 잘 못하면 무슨 소용이 있겠는가. 마찬가지로 설령 제도를 잘 바꿔도 정치인들의 마인드가 바뀌지 않는다면 정치가 조금도 나아질 수 없다는 것은 분명한 사실이 아닌가.

과연 누구를 위한 개헌인지, 국민들에게는 무슨 혜택이 돌아갈 수 있는지도 냉정히 자문자답해 보고 난 후 신중히 결정해야 할 카드가 바로 개헌 문제임을 우리 다 같이 깊이 성찰해 볼 필요가 있으리라 본다.

2009. 9. 18(金)

⚜ 갑론을박만 하고 있는 예산안 처리

내년도 예산안 처리를 둘러싼 여야의 대치가 파국으로 치닫고 있다. 이는 당리당략만을 내세우고 있는 여야 모두에게 그 책임이 있다고 할 것이다.

새해 예산안 처리에 최대 걸림돌은 뭐니 해도 4대강 사업 예산인 것 같다.

이런 예산안 문제에 앞서 4대강 사업에 대한 가장 근본적인 문제는 여야의 서로에 대한 극단의 의심과 불신이다.

여당은 대운하가 아닌 '4대강 살리기 사업' 이라는 입장인데 반해, 민주당 등 야당은 사실상 '대운하 의심사업' 또는 '4대강 죽이기 사업' 이라는 입장을 고수하고 있는 실정이다.

그런데 중요한 건 야당이나 국민들도 4대강 살리기를 위한 그 정비 사업 자체에는 그 누구건 반대하지 않고 있다는 사실이다.

그렇다면 그 문제에 대한 해법은 의심과 불신을 해소시키는 그 길 하나밖에 없지 않겠는가.

사실 연말이 이제 4일밖에 남지 않아 마냥 '콩이다 팥이다' 하고 갑론을박만 하고 있을 시간이 없다.

정부 여당은 4대강 사업이 앞으로 환경파괴나 수질악화로 인한 4대강 죽이기 사업이 된다든지 또는 대운하 사업의 사전포석이라는 객관적 평가가 나올 경우라면 언제든 그 사업을 중단하고, 야당과 국민들이 원하는 방향으로 전면 재검토하여 새롭게 나아가겠다는 대국민 약속을 먼저 해야만 옳다고 본다.

이럴 경우, 민주당 등 야당도 4대강 사업을 저지할 어떤 명분도 없어질 것이고 오히려 새해 예산안 처리에 적극적으로 협조할 것이다.

4대강 사업 때문에 새해 예산안을 연내 처리 못 한다면, 국회는 스스로 그 의회기능을 포기한다는 비판을 면치 못할 것이다.

국회는 내년도 예산안을 여야 합의로 연내에 처리할 수 있도록 고도의 정치력을 발휘해 주었으면 한다.

2009. 12. 28(月)

♱ 예산 심의는 최소규모로 최대효과를

정부여당은 28조 9,000억의 슈퍼 추가경정 예산안을 편성했고, 각 정당들도 2009년도 추경 예산안을 내놓았다.

추경예산은 규모보다 내용이 더 중요하며, 반드시 적재적소에 배치되어야 할 것이다.

무엇보다 현 시기에 가장 필요한 분야는 민생안정과 고용유지 및 일자리 창출, 내수부양 등이기 때문에 추경예산은 이 같은 목적에 부합되도록 편성해야 할 것이다.

여당이 편성한 추경예산 28조 9,000억 원 중 22조원(실제 발행규모는 16조 9,000억 원)의 소요재원을 국채발행을 통해 조달한다는 것은 결국 국가부채를 급속히 늘어나게 하는 것이기에 매우 신중하게 다뤄져야 할 문제이다.

이미 본 예산에서 19조 7,000억 원의 국채발행이 계획되어 있는데, 이번 추경에서 또다시 16조 9,000억 원의 국채를 더하면 36조 6,000억 원으로 역대 정권 중 최대 규모의 적자국채가 발행되는 셈이다.

국채란 바로 국가의 부채이고, 이는 결국 국민의 부담으로 남게 된다.

결국 과다한 국채발행에 의존한 빚더미 슈퍼추경은 국가부채를 급증하게 만들어, 다음 세대 국민들을 사실상 채무자로 만드는 격이라 반드시 지양되어야 한다고 본다.

국회는 올해 추경 안에 대한 심의에서 최소규모의 추경으로 최대의 효과를 거두도록 최선을 다해야 할 것이다.

2009. 4. 2(木)

⚜ 박연차 사건, 성역 없는 수사를

이른바 '박연차 리스트' 에 대한 검찰 수사가 속도를 내고 있다.

박연차 태광실업 회장은 전·현 정권의 실세 정치인들에 대한 불법 정치자금 및 뇌물 제공 혐의로 조사를 받고 있다.

무릇 70여명의 연루리스트는 역대 어느 정권에서도 볼 수 없었던 초매머드 급의 뇌관으로서, 전형적인 권력형 비리 사건이라 이를 만하다.

최근의 검찰 조사과정에서 나타난 일부 인사들의 혐의는 빙산의 일각에 불과하다 싶어 국민적 의혹이 증폭되고 있다.

정권이 바뀔 때마다 전 정권의 권력형 비리사건이 정도의 차이는 있지만 꼬리에 꼬리를 물고 일어났는데, 이번 사건처럼 전 정권의 인사들은 물론 현 정권의 실세들까지 다 같이 연루되었다는 것은 정치권 부패 구조의 한 단면을 보여주는 것이라 하겠다.

이는 '싸우면서 닮는다' 는 옛말대로 말로는 전 정권의 부도덕성을 비판하고, 나라와 국민을 위한다면서 부정부패에는 역시 '초록이 동색이다' 라는 것을 실감케 하는 대목이다.

검찰은 국민적 관심이 집중된 이번 사건의 실체를 낱낱이 다 밝혀내기 위해서는, 전·현 정권은 물론 여·야를 가리지 말고 성역 없이 엄정하고 공정한 수사를 반드시 해야 할 것이다. 이번 사건을 타산지석(他山之石)으로 삼아 다시는 이런 일이 일어나지 않도록 하기 위해서다.

특히 이번 사건에 대한 공정한 수사 요구는 법치국가의 근본원칙일 뿐 아니라 정치권력의 편의적 잣대에 의해 수사가 좌지우지될 수 없는 국민적 요구라는 점을 정부와 검찰은 명심해야 하리라 본다.

2009. 3. 24(火)

✤ 야권수사 야단법석, 여권수사 쉬쉬

여당 K 최고위원 등에게 수억 원의 뇌물을 준 혐의를 받고 있는 모 골프장 대표가 석방된 것으로 알려졌다.

그것도 석방 사흘 만인 21일에야 법원은 언론에 이를 확인해줬다.

K 최고위원은 아직 검찰에 소환도 채 안된 상황인데, 뇌물을 건넨 혐의를 받고 있던 사람은 언론도 모른 채 지난 3일간 백주의 거리를 활보하고 있었다.

그가 석방된 이후 그동안 과연 누구를 만났는지, 몸통이라고 연루되어 여러 사람을 소환할 건지 말건지, 또 수사는 어떻게 진행 되어 가는지 등등은 철저히 베일에 가려진 채, 그저 오로지 검찰의 발표만을 기다리고 있는 게 여권 수사의 현주소이다.

반면 야권수사는 일사천리로 진행되고 있다.

급기야 J 야당대표 이름까지 아무런 거리낌 없이 마치 크리스마스 선물인 양 때를 만난 듯 지면을 장식하고 있다.

도대체 이게 형평에 맞는 수사일까? 국민들이 과연 납득할 수 있는 수사인지 묻고 싶다.

2009. 12. 22(火)

⚜ 언론의 자유 지켜준 YTN 판결

정연주 전 KBS 사장 해임처분 취소 판결에 이어, 서울중앙지법 민사합의 42부는 오늘 "YTN 노조원 6명에 대한 해고는 무효"라고 판결했다.

재판부가 내린 이번 판결을 보면 정의가 살아 있다는 것을 보여준 '사필귀정(事必歸正)'으로 생각한다.

이제 YTN은 이번 판결을 노사 간 화합과 협력의 계기로 삼아 국민으로부터 신뢰와 사랑을 받을 수 있는 책임 있고 격 높은 방송사로 거듭났으면 한다.

언론의 자유를 지키기 위해 노력하는 그런 사람들이 다시는 일터 밖으로 내쫓기는 불행한 일이 없어져야 하리라 본다.

언론의 자유야말로 만고불변의 진리다.

2009. 11. 13(金)

✤ 검찰총장의 사퇴를 촉구해 본다

노무현 전 대통령이 자살 서거에 이르도록 만든 검찰총장은 국가적 비극인 이번 사태에 대해 책임을 지고 사퇴해야 도리고 예의 이다.

검찰은 전직 대통령에 대한 최소한의 예우 차원에서의 방문조사 조차도 무시한 채, 처음부터 검찰청으로 소환하여 강도 높은 조사를 벌였다.

더구나 참여정부 때 임명받은 그 총장이 왜 자기를 임명한 대통령에 대해 예의도 무시하고 무리한 수사를 강행하였는지, 도저히 상식적으로 납득이 되지 않는 일이다.

이 기회에 검찰총장의 사퇴와 더불어 검찰이 환골탈퇴 되어야 한다는 게 국민의 여망이 아닐까 한다.

2009. 5. 24(日)

✤ 사법권 독립의 최후 보루를 보며

S 대법관이 서울중앙지방법원장 시절이었던 지난해 촛불사건의 재

판 담당판사들에게 여러 차례 재판을 재촉하는 이메일을 보낸 사실이 담당판사들에 의해 밝혀졌다.

이는 법원장이란 지위를 이용하여 법률과 양심에 따른 재판에 영향을 미치려는 의도가 분명한 전대미문의 충격적인 사건이다.

사법권 독립을 위해 솔선수범을 보여야 할 사법부의 수뇌부인 S 대법관이 헌법이 규정한 재판의 독립성을 스스로 훼손시킨 부적절한 행위는 아직도 정치권력에 굴종하는 이른바 '정치판사'가 있다는 의혹의 눈길을 받기에 충분하다고 본다. 이는 바로 사법부의 불명예가 될 것이고 사법권의 독립을 위해서도 이번 사태를 결코 간과해서는 안 되리라고 본다.

지난날 정권에 영합하여 정치사건에 대한 납득할 수 없는 정치재판을 하면 그 반대급부로 출세의 길을 걷게 하여, 사법부가 정치권력에 무력하게 굴종하여 온 암울한 시절이 있었다는 사실은 누구나 다 알고 있지 않은가.

대법원은 이번 사건의 진상을 철저하게 규명하여 다시는 이 같은 불명예스러운 사건이 발생되지 않도록 하여야 할 것이다. 오늘의 사법부는 국민이 위탁한 인권보장의 최후의 보루인 동시에 사법권 독립의 최후의 보루인 만큼 과연 그 사명을 다하고 있는지 반성해 보아야 하리라 본다.

2009. 3. 6(金)

⚜ H 전 국세청장 사건, 눈 감고 아웅 하는 수사는 안 돼

한동안 세상을 떠들썩하게 한 '안원구 사건' 이 국세청 국장의 구속기소로 슬그머니 자취를 감추고 있다.

안 국장 주장의 내용과 정황을 보면 일견 '게이트' 사건에 버금가는데, 검찰의 수사상황은 '개인 비리' 사건으로 축소되는 꼴이다.

이 사건의 몸통이라고 할 수 있는 H 전 국세청장은 미국에서 기자회견 한방으로 그 사건의 진상이 유야무야(有耶無耶) 되는 것 같다.

그러나 H 전 청장이 본 적도 없다는 그림 '학동마을' 이 실제로는 자신이 직접 구매한 정황이 드러났고, 또 야당에서는 그가 신성해운으로부터 5천만 원을 받았다는 검찰 측의 진술서까지 언급하며 폭로하고 나선 상태다.

뿐만 아니라 안 국장의 부인은 H 전 청장이 정권실세에 주려고 큰 액수의 로비자금을 모았다는 주장까지 한 상태다.

그런데도 검찰은 H 전 청장에 대한 소환문제는 입도 뻥긋하지 않고 있는 실정이다.

검찰은 괜한 오해를 사지 않으려면 지금이라도 H 전 청장을 즉각 소환조사해야 하는 것이 일 처리의 순서라고 본다.

2009. 12. 9 (水)

✤ 있을 수 없는 S 대법관의 재판 개입

어제 오후 대법원 진상 조사단은 "S 대법관이 지난해 촛불재판 내용 및 진행에 관여한 것으로 볼 소지가 있다"는 결론을 내렸다.

이번 대법원 진상조사단의 조사가 혹시나 사건 실체 덮기 식 용두사미 격의 조사일지도 모른다는 국민적 우려를 일소에 붙인 공정한 조사 결과라고 많은 사람들이 생각하고 있는 것 같다.

이는 국민 여론을 존중하고 사법부의 권위를 지키는 정의가 살아있음을 보여준 것이라고 본다.

사실 진상 조사단의 조사결과는 그동안 S 대법관의 촛불 재판 개입 논란이 확산되자, 사태의 심각성을 느낀 끝에 나온 것인데 결국 S 대법관이 재판에 개입했다는 의혹이 대부분 사실로 판명되었다.

또한 이용훈 대법원장은 이번 사건을 대법원 공직자 윤리위원회에 올려 책임소재를 규명하라고 지시한 것은 너무나 당연한 조처로 보인다.

명색이 법치국가에서 헌법과 법률, 양심에 따라 독립하여 판단하는 재판에 부당한 개입과 영향력을 행사한 S 대법관은 사법부의 신뢰와 권위를 훼손시켰다는 비판을 받고도 남지 않을까 싶다.

S 대법관은 이번 사건에 대해 어떤 식으로든 책임을 져야 하는 것이 최고위 법관으로서의 양심이요 도리이다.

앞으로 대법원 공직자 윤리위원회는 이번 사건에 대하여 엄중히 조처하여 사법부의 권위와 기강을 신속하게 되찾아야 할 것이다.

이것은 지금 이 사건을 지켜본 우리 국민 모두의 요구이기도 하다.

2009. 3. 17(火)

✤ 병아리가 닭에게 충고를

지금 세종시법 문제가 뜨거운 감자로 떠오르고 있다.

이 법은 노무현 정부 때 여야가 합의해서 제정한 법령이므로 그 시행은 국회의 대국민에 대한 약속이자 의무이다.

그런데 J 국무총리는 취임도 하기 전부터 미리 세종시법 원안 수정 소신(?) 발언을 하면서 그 법을 원천적으로 무시하고 나섰다.

그리고 최근에는 "세종시는 정치적 신뢰 이전에 국익이 우선돼야 하는 문제"라면서 유력한 대권 후보자인 한나라당 P 전 대표를 간접비판하고 나선 것은 아무리 생각해도 납득이 가지 않는다.

더구나 국민과의 약속은 반드시 지켜져야 한다는 P 전 대표를 직접 설득하겠다고 나선 그의 발언은 마치 '병아리가 닭에게 충고하겠다'는 식의 하나의 개그코미디 같다는 느낌이 든다.

J 총리는 내정되자마자 이렇다 할 대안도 없이 '세종시 원안 수정'이라고 대갈일성(大喝一聲)했다. 그는 이 문제에 관해 알고 있는 것이 아무것도 없었을 텐데 어떻게 세종시 문제 해법안(?)을 제시했는지 정말 의문을 제기하지 않을 수 없다.

그가 보여준 일련의 세종시 관련 언행은 세종시 문제 해결에 도움보다는 오히려 큰 걸림돌이 되고 있다는 사실을 직시해야 한다. 의회주의와 법치주의를 부정하고 나선 그의 발언은 국민을 무시한 무분별한 처사가 아닌가 싶다.

과연 그가 뜨거운 감자와 다름없는 세종시 문제를 어떻게 풀어 나가는지 지켜봐야겠다.

2009. 11. 2(月)

✥ J 총리는 거취를 결정해야

정치권 일부에서 J 총리에 대해 국론 분열 야기 책임을 물어 총리 해임건의안을 적극 추진하고 있다.

내가 속했던 당은 총리 해임건의안을 원칙적으로는 반대하지 않지만, 해임건의안 제출 전에 그가 자진하여 거취를 분명히 하는 것이 순리라고 본다.

더욱 가관인 것은 '망둥이가 뛰니까 빗자루도 뛴다' 듯이 총리실 K 실장은 "세종시 원안 자체가 수도분할이므로 (나라가) 망할 수 있으며, 사회주의 도시가 된다"라고 하면서 한 술 더 뜨는 막장발언까지 서슴지 않는 호기를 용감히(?) 보였다.

차마 있을 수 없는 경거망동을 보이고 있는 그이야말로 유사 공산사회주의적 발상으로 진실을 왜곡하여 국민을 선동하고 있지 않은가 싶다.

세종시 수도분할 논란과 관련해서는 이미 5년 전에 헌법재판소가 “세종시 법률에 의하여 건설되는 행정중심복합도시(세종시)는 수도가 이전하거나 수도가 분할된 것으로 볼 수 없다.(2005.11.24.헌마579.763)”라고 분명히 판시하고 있다.

그는 이런 헌소의 판시를 알고 있는지 모르고 있는지는 알 수 없는 일이지만 하여튼 가당찮은 뚱딴지같은 변명을 늘어놓은 셈이 되었다.

제발 헌소의 판시 내용을 단 한번이라도 제대로 읽어주기를 바란다.

헌소의 판시를 뒤엎는 이런 심각한 상황인데도 만일 J 총리가 여론과 국회를 시종 무시하면서 거취를 결정하지 않으면 그에 따른 어떤 결과건 본인의 자업자득임을 알아야 할 것이다.

2010. 2. 8(月)

✤ 총리직 수행을 마지막 공직으로

오늘 국회에서 정운찬 국무총리 후보자에 대한 임명 동의안이 표결 통과된 것은 일단 국정 표류를 막았다는 점에서 다행으로 생각한다.

하지만 반대의 여론도 높았던 사실을 채찍으로 삼아 이번 총리직이 마지막 공직이라는 각오로 봉사하여 유종의 미를 거두어 주기 바란다.

특히 소통부재라는 말이 자주 운위되고 있는 마당에 여의도 쪽으로도 귀를 활짝 열고 대화와 협력을 통해 국민통합과 경제 살리기에 신명(身命)을 다해 주었으면 한다.

2009. 9. 28(月)

♆ '악법도 법이다' 라고 말한 소크라테스

대법원은 오늘 태어난 지 얼마 되지 않은 신생정당에 대한 재판에서 항소심 유죄를 그대로 인정하는 상고 기각 판결을 내렸다. 그 당의 소속 국회의원 3명이 그 직을 잃게 되었다. 안타까운 일이다.

다른 당의 차용금이나 특별당비에 대해선 털끝만큼도 건드리지 않은 채, 유독 그 당이 차용한 선거자금만 문제 삼아 무거운 처벌을 내렸다.

사법부가 스스로 만능신이 아닌 이상 어떻게 이런 불공평한 판결을 내릴 수 있는지는 앞뒤 그 정황을 그들 자신만이 알고 있을 것이다.

법의 형평성을 무시한 이번 재판의 결과를 보니, 역사의 한 교훈적 사건이 생각난다.

소크라테스가 아테네 청년을 현혹했다는 누명을 쓰고 법정에 서서, 자신에게 내려진 부당한 사형선고를 받아들이면서, '악법도 법이다' 라고 말한 그 아이러니가 떠오른다.

역사는 역시 반복되는 것인가 보다.

2009. 5. 14(木)

5. 찻잔을 앞에 둔 이 생각 저 생각

♆ K 지사의 조언모개(朝言暮改)

K 지사가 오늘 한 라디오 방송 인터뷰에서 유력한 대권 후보자인 한나라당 P 전 대표에게 막말을 늘어놓았다.

그는 세종시 수정을 반대하는 것을 표를 위한 포퓰리즘이라는 둥, 국가 백년대계를 위해 P 전 대표에 대해 맑은 정신을 가지라는 둥, 그의 특유의 갖가지 정신없는 소리만 늘어놓았다.

세종시 수정안이 나오기 불과 나흘전만 하더라도 Y 장관을 만나 경기도의 홀대를 염두에 두고 '나중에 표로 보여 주겠다' 말했던 사람이 바로 그가 아닌가.

당시 언론이나 야당에서는 도대체 여당 소속 지사가 선거 때 어떻게 MB를 심판할 수 있는지 어리둥절했다. 그게 아니고서야 어떻게 여당 도지사가 '표로써 심판 한다' 는 말을 할 수 있는지 어안이 벙벙했다.

그러다가 불과 나흘 뒤 정부의 세종시 수정안이 공식 발표되자, 이번에는 환영한다고 그 난리를 폈던 이도 K 지사이다. 이것이 바로 '조령모개(朝令暮改)' 가 아니라 '조언모개(朝言暮改)' 가 아닌가 싶다.

'꼴뚜기가 뛰니 망둥이도 뛴다' 고 도지사면 도지사 일이나 잘 할 일이지 망둥이식 뛰기를 해서야 되겠는가. 입조심은 하고 볼 일이다.

2010. 1. 21(木)

♰ 목사인가? 정치평론가인가?

세종시 문제를 놓고 S 목사는 어제 평화방송 라디오 인터뷰에서 "국회의원들과 이야기를 해보면 그 사람들도 다 '세종시 원안 그거 말도 안 된다' 는 그런 얘기를 들었다" 고 하면서 P 전 대표의 '세종시 원안 플러스알파' 발언을 원색적으로 비난하고 나섰다.

한마디로 그의 발언은 도가 지나친 무책임한 막말이라고 본다.

S 목사의 이런 모습을 보면서 그는 이제 목회자의 길을 포기하고 정치평론가가 되려고 하는 신호탄인지 지켜볼 일이다.

그의 인터뷰 전문을 보면 설교를 하고 신앙생활을 지도하기에도 촌음을 아껴야 할 그분이 어떻게 세종시 해법안(?)을 내놓는지 그것이 참 알고 싶은 수수께끼이다.

혹시 그분이 '천리안(千里眼)' 이라도 가졌다면 모를 일이지만 참으로 이해가 되지 않는 대목이라 쓴 웃음이 절로 나오는 것을 막을 길이 없다 싶다.

2009. 11. 4(水)

✤ 구국기도회인가? 망국기도회인가?

강남에 있는 K 목사가 최근 모 당의 P 전 대표를 "닭과 개에 비유하며 잡아먹어야 한다" 면서 차마 입에 담을 수 없는 폭언을 했다.

그것도 국회 안에서 열린 MB의 성공을 기원하는 송년구국 기도회 모임에서 행한 폭언이다.

이는 구국기도회가 아니라 망국기도회에서나 할 수 있는 망언이다.

정치목사(?)의 이런 헛소리는 단순 폭언이 아니라, 언어의 테러이고 음해이다.

민주국가에서는 물리적 폭력도 용인되어선 안 되지만 물론 언어폭력도 절대 용납될 수 없는 일이다.

소위 구국기도회라는 이름을 빌려서 자신의 어떤 의도된 발언을 하는 이런 '정치목회자' 는 교계와 나라를 위해서도 신중한 처신을 해 주었으면 한다.

2009. 12. 18(金)

⚜ L 전 총리 발언, 소가 웃을 일

L 전 국무총리가 모 당에 대해

"그런 것도 당이라고… 이상한 나라가 됐다"

라고 막말을 하면서 원색적으로 비난하고 나섰는데 지나가는 소가 들어도 웃을 일이다.

일국의 총리 출신이 지닌 인격과 인품이라면 설사 자기 마음에 들지 않는 다른 정당이라 하더라도 무시하지 않는 덕목은 최소한 지녀야 하는 게 아닌가 싶다.

순간 정치만담으로 던져보는 말이긴 하지만 그분의 표현을 그대로 차용한다면

"저런 것도 국무총리였다고… 참 이상한 나라가 됐다"

라고 화답(?)하고 싶은 마음이 굴뚝같지만 비슷한 사람이 될까봐 참아 본다.

2009. 10. 14(水)

⚜ 인기작가 L 씨의 발언이 바로 포퓰리즘

지난해 촛불집회에 대해 '디지털 포퓰리즘' 이라고 말했던 인기 작가 L 씨가 최근 모 당의 P 전 대표의 '원칙과 약속은 지켜져야 한다' 는 세종시 관련 발언에 대해 '변형된 포퓰리즘' 이라고 폄훼(貶毁)하면서

우회적으로 비판하고 나선 것은 매우 황당하다.

작가가 준 정치적 발언을 한다는 것은 그가 정치 전문 소설가가 아닌 이상 국민 정서에 거부감을 불러일으키기 십상이라고 본다.

대중적 인기가 높은 이른바 '포퓰라(popular)' 한 인기 있는 작가인 L 씨의 P 전 대표에 대한 발언 자체가 역설적으로 말해 바로 포퓰리즘이다.

2009. 10. 29(木)

✤ 비정규직 문제를 다시 생각해 본다

이번 정부여당의 고용기간 연장을 위한 비정규직 개정안은 비정규직 문제의 근본적 해법이 될 수는 없다고 본다.

오히려 비정규직을 확대 양산하게 되어 사회경제적 양극화 현상만 더 키울 수 있다고 본다.

정부여당은 약 500만 명의 비정규직 근로자들의 고용안정과 권익을 위해, 이들이 정규직으로 전환될 수 있는 획기적인 지원 정책이 마련될 수 있도록 근본해법을 찾아야 하는데 총력을 기울여야 할 것이다. 미봉책은 어디까지나 일시적 방편이요, 일시적 진통제 역할일 뿐 장기성이 없지 않는가라고 묻고 싶다.

2009. 6. 28(日)

⚜ 비정규직 법 시행, 일단 유예되어야

대규모 해고 대란을 예고하고 있는 비정규직 보호법의 시행이 하루 앞으로 다가왔다.

먼저 대량 해고 사태에 의한 비정규직 근로자들과 그 가족들의 희생을 막기 위해서라도 현행법 시행은 일단 유예되어야 한다고 본다.

비정규직 문제 해결에 대한 아무런 대안도 없이 법 시행 유예를 무조건 거부하는 입장은 자칫하면 비정규직 근로자들의 권익을 잃게 만들 수도 있는 일이다.

사실 대부분의 비정규직 근로자들은 대기업이 아닌 중소기업에 근무하고 있는 실정이다. 그래서 지금의 경기 상황으로 볼 때 이들의 정규직 전환은 거의 불가능하리라 본다.

정부는 그동안 비정규직 문제에 대한 근본적 대안 마련 없이 방치해 오지 않았는가. 뒤늦게 마치 발등에 불이 떨어진 것 같이 허둥대고 있으니 이에 대한 깊은 자성이 있어야 할 것이다.

지금은 여야는 물론 노동계 등 모두가 각각 한발씩 양보하면서 시간을 갖고 어떻게든 비정규직 문제의 근본적 해법을 찾기 위해 대타협을 해야 할 시점이라고 생각한다.

2009. 6. 30(火)

✤ 장애인 문제, 우리 모두의 현실

오늘은 '제29회 장애인의 날' 이다.

국가에서 '장애인의 날' 을 지정한지 스물아홉 번째를 맞이하고 있다. 진정 이 날을 위해 우리는 무엇을 했는지를 되돌아보며 반성해 보아야 하리라 본다.

정부가 '장애인의 날' 을 정했다는 것은 장애인을 사회적 약자로 보고 보호와 권익신장을 해보자는 취지이지, 만약 이분들이 사회적 강자라면 이런 날이 제정되지 않았을 것이다.

장애인의 권리는 국민의 가장 기본적인 인권일 뿐만 아니라 사회의 당당한 주체로서 당연한 것임에도 불구하고, 아직까지도 이들을 동정과 시혜로만 보는 돌봄의 대상인양 잘못 인식해 온 면이 없지 않다.

갈수록 고령화 되어가는 이 시대에 살고 있는 우리 모두는 훗날 노인이 되면 장애인이 될 수 있는 소지가 있음은 물론이고 또 교통사고, 산업재해 등으로 중도에 장애자가 되는 사람들도 증가하고 있는 추세이다. 장애인의 열 명 중 아홉 명은 후천적 요인에 의한 것인 만큼 장애인의 문제는 더 이상 남의 이야기가 아닌 우리 모두의 현실이다. 단지 조금 먼저냐 나중이냐의 차이만 있을 뿐 모두가 잠재적 장애인인 셈이다.

우리나라의 GDP 대비 장애인복지예산은 OECD 평균의 1/9 밖에 되지 않는다. 예산으로 봤을 때 우리나라의 장애인 복지가 선진국 수준에 도달하려면, 현재의 장애인 복지예산이 9배는 증액되어야 한다.

그러려면 장애인뿐만 아니라 비장애인들도, 장애인의 문제가 남의 문제가 아니라는 것을 실감하고, 장애인 복지의 향상에 관심을 가져야 한다.

결국 '장애'란 항상 우리의 삶 곁에 있다는 것을 깨닫고, '장애인의 날'인 오늘을 계기로 우리가 장애인을 어떻게 바라보고, 우리 사회는 어떤 노력을 기울여야 할 것인지를 깊게 생각해 보아야 하리라 본다.

2009. 4. 20(月)

✤ 청계천 실태, 4대강 살리기 타산지석 삼아야

국민들은 청계천이 항상 깨끗하고 맑은 물이 흐르고 있다고 생각한다. 그러나 적지 않은 국민의 세금으로 그나마 맑은 물을 유지하고 있다는 게 전문가들의 의견이고 현실이다.

2005년 10월 역사적인 청계천 개통이 있었다. 그 이후 수개월부터는 청계천의 바닥 곳곳에 이끼 층이 형성되어 수질오염이 심각해졌고, 날씨가 더워지면 녹조류가 퍼지고 부영양화(富營養化)가 심해져 수질이 더욱 오염되어 마치 퇴적물이 썩고 있는 하수구처럼 되었다고 한다.

그래서 그때부터 청계천 바닥에 낀 이끼들을 닦아내는 청소작업 등을 계속해 왔고, 그 비용을 포함한 청계천 유지 관리 비용이 매년 70억에서 80억 이상 소요되었다고 한다. 서울시 자료에 의하면 금년도 유지 관리 비용은 현재까지(2009. 1. 1~2009. 12. 17) 총 85억5천2백만

원이 지출되었는데, 2010년 이후부터는 연간 100억 원이 훨씬 넘을 것이다.

4대강에 비하면 실핏줄에 불과한 청계천은, 수심이 얕고 유속도 빠른 편인데도 불구하고 수질오염이 빨리 온다고 한다. 아마 자연하천이 아닌 인공하천이기 때문일 것이다.

청계천의 이 같은 실태를 타산지석으로 삼아 4대강 '죽이기 사업' 이 아닌 '살리기 사업' 이 꼭 될 수 있도록 해야 할 것이다. 4대강은 인체로 보면 우리 국토란 몸체의 4대 동맥이 아닌가. 동맥을 잘못 건드리면 되돌릴 수 없는 재앙이 온다는 것을 우리 모두 명심해야 한다고 본다.

2009. 12. 20(日)

✤ 박근혜 전 대표의 동북아 평화체제 구축안

한나라당 박근혜 전 대표는 미국 스탠포드 대학 초청 강연에서 '북핵 문제' 해결과 동북아의 평화와 번영을 위해 6자회담 관련국들이 참여하는 상설적인 '동북아 평화협력체제' 구축을 제안했다.

이는 국제사회에서도 공감을 불러일으킬 수 있는 가장 실질적이고도 합리적인 제안으로써 동북아 평화체제 구축과 북핵문제 해결의 첩경이 되지 않을까 싶다.

특히 동북아 평화체제 구축을 통한 '북한 문제' 의 해결 도모야말로 가장 실효성 있는 진일보한 해법이 될 것이다.

그간 북한의 핵문제 해결을 위해 우리나라와 미국은 모든 노력을 아끼지 않았지만, 결과는 오히려 북한이 장거리 로켓발사와 6자회담 탈퇴선언으로 보답(?)하지 않았는가.

박 전 대표는 이러한 북한의 잘못된 선택과 행동에 대해서도 단호한 입장을 견지하면서 문제점들을 냉철하게 지적한 바 있다.

'북핵 문제 해결과 동북아 평화' 에 대한 박 전 대표의 제안은 '북한 문제' 해결을 간절히 기대하는 모든 국민에게 희망적인 메시지가 아닐 수 없다고 보는 바이다.

2009. 5. 8(金)

✣ 가뭄에 단비 같은 김연아의 우승

김연아 선수가 미국 LA에서 열린 2009 ISU 세계피겨선수권대회 프리스케이팅에서 감격적인 우승을 하였다.

한마디로 김연아 선수의 우승은 가뭄에 단비 같은 감동 그 자체이다. 그가 이뤄낸 월드챔피언의 쾌거는 울적한 우리 국민에게 큰 희망과 용기를 안겨준 너무나도 값지고도 값진 선물이다.

월드챔피언 자리에 올라선 '피겨여왕' 김연아는 애국가가 울리는 순간 환희에 넘친 눈물을 흘렸다. 그의 눈물은 정말 아름답고 자랑스러운 것으로서 온 국민의 마음을 감동시켜 준 보석 같은 결정체이다.

김연아 선수는 그동안 열악한 환경에서 부상의 아픔을 무릅쓰고 우리가 도저히 상상할 수 없는 뼈를 깎는 악전고투 끝에 오늘날 '피겨여왕' 등극에 성공한 것은 참으로 자랑스런 김연아 승리요 대한민국의 승리이다.

우리 모두는 대한민국이란 브랜드의 위상을 높여준 대견스럽고 자랑스런 딸 김연아 선수의 저 환상적인 연기 뒤엔 피나는 투혼이 있었다는 사실을 상기하면서 많은 걸 배워야 한다.

특히, 아직도 정쟁에 휘말려 있는 정치권은 몸과 정신을 다 바쳐 국가에 공헌한 김연아 선수의 그 갸륵한 진면목을 보고, 진정으로 자성의 거울로 삼아 애국하는 마음을 본받았으면 얼마나 좋을까 싶다.

2009. 3. 30(月)

✢ 본받아야 될 6·10항쟁 참 정신

6·10 민주항쟁은 과거 독재정권에 저항하여 민주주의를 회복시킨 역사의 한 전환점이 되었다.

그 6월 민주항쟁이 벌써 22주년을 맞았다.

이는 정치적인 면에서는 정말 불행한 사태였다. 하지만 그날의 민주항쟁으로 독재 권위주의 체제를 종식시키고 오늘의 민주화가 있게 만든 역사적 사건이었다.

6월 민주항쟁의 시대정신은 민주주의 발전과 수호를 위해 국민의 목소리를 존중하는 그런 정치를 펼쳐나가는 정신이다.

그런데 정치가 실종된 정치권은 마치 '국가위기 불감증' 에 감염된 것처럼 위기의 대한민국을 수수방관으로 시종일관하고만 있다. 이는 국민과 역사에 대한 더할 나위없는 지독한 모독이다.

여야 정치권은 6월 민주항쟁 22주년을 맞아 다시는 민주주의를 후퇴시키지 않게 뼈를 깎는 자성의 계기로 삼아야 할 것이다.

오늘을 사는 우리 모두는 국민의 뜻을 거스르는 그 어떤 정권도 동서고금을 막론하고 바로 그 국민의 심판을 받게 된다는 역사적 교훈을 결코 잊지 말아야 하리라 본다.

2009. 6. 9(火)

⚜ 반성해야만 할 '방기곡경(旁岐曲徑)' 이란 평가

교수들이 선정한 올해의 사자성어는 방기곡경(旁岐曲徑)이다.

'방기곡경' 은 일을 정당하고 순탄하게 하지 않고 그릇된 수단을 써서 억지로 하는 것을 비유하는 말이라고 한다.

세종시, 4대강 사업, 소통이 부족한 정치 등을 밀어붙이는 식으로 끌고 가는 현 정부의 국정운영 스타일을 교수사회에서도 얼마나 심각하게 우려하는지 잘 알 수 있는 반증이라 해석할 수 있다.

현 정부는 초대 개각에서도 교수 출신 인사들을 대거 포함시키는 등 역대 어느 대통령보다 친교수적인 대통령으로 평가받고 있다.

그렇다면 자신의 주위에 있는 소수 교수들의 일방적 탁상공론만 듣지 말고, 다수 교수들의 중지를 받아들여 국정을 올바르게 이끌어가야 된다고 본다.

'방기곡경' 이란 평가를 결코 '우이독경' 으로 들어선 안 되리라고 본다.

2009. 12. 21(月)

✤ 일본, 더 이상 역사 왜곡 말라

일본 정부는 오늘 우리나라 역사에 대한 왜곡된 내용을 담은 일본 중학교 역사교과서에 대한 검정을 통과시켰다.

이는 주권국가인 대한민국의 역사를 왜곡시키려는 의도를 보여준 매우 충격적인 일로써 반드시 시정하여야 된다고 본다.

이번에 통과된 일본 교과서의 한국 관련 왜곡 기술 내용을 보면 임진왜란 시 조선침략을 '출병' 으로, 일본의 식민지 정책을 한국 근대화의 촉진으로 우리 역사를 통째로 왜곡하고 있다.

이는 과거 잘못된 일제의 침략전쟁과 식민지 지배를 합리화하여 그들의 역사적 죄상을 덮어보려는 얄고도 얕은 잔꾀에 불과하다는 사실을 모르는 사람이 누가 있을까.

일본 정부가 진정으로 미래지향적 동반자의 한·일 관계를 원한다면 한국침략과 식민통치의 부끄러운 역사적 실상을 더 이상 은폐하려거나 왜곡하려 해서는 절대 안 될 일이다.

만일 일본이 이번에 통과시킨 왜곡된 역사교과서 내용을 시정하지 않으면 양국 사이에 놓여 있는 현해탄의 파고는 걷잡을 수 없이 높아지리라 본다.

2009. 4. 9(木)

⚜ 한·일 정상회담, 독도문제 제외는 유감

MB와 하토야마 유키오 일본 총리가 오늘 청와대에서 양국관계의 개선은 물론 동북아지역 발전을 위해 정상회담을 가진 것을 기쁘게 생각한다.

특히 한·일 두 정상이 북핵문제의 근본적 해결을 위한 '그랜드 바겐(Grand Bargain : 일괄타결 방안)'에 합의한 것은 매우 고무적이다.

하지만 국민의 가장 큰 관심사인 독도 영유권 문제를 이번 정상회담에서도 논의는커녕 언급조차 하지 않았다는 것은 '옥에 티'라 비유해 보고 싶다.

2009. 10. 9(金)

⚜ 독도 망령이 살아난 일본 교과서

일본이 고교 역사교과서 해설서에 독도라는 표현만 명기하지 않았을 뿐, 사실상 영유권을 주장한 데 대해 우리 국민 모두가 분노하고 있다.

우리나라는 그동안 하토야마 민주당 정권 출범 후 새로운 한일 관계에 대한 기대로 환영을 표명해 왔다.

과거 자민당 정권과는 다른 일본의 과거사 반성과 사과, 이를 통한 새로운 한일 관계의 모색과 양국 관계 발전을 기대했으나 '혹시나' 가 '역시나' 로 바뀌고 있어 매우 실망스럽다.

아니, 교과서 문제뿐만이 아닌 것 같다.

최근 일본 정부는 태평양 전쟁 당시 강제징용에 동원 되 강제노동에 시달렸던 할머니들과 유족들에게 어린애 껌 값 같은 액수의 연금을 내놓았다. 어린아이 장난인가.

앞에서는 웃고 뒤에서는 비수를 꽂는 그런 일본 정부의 모습은 국내 반일감정만 다시 불 지필 뿐이다.

이런 하토야마 정권의 모습은 과거 자민당 정권과 다를 게 뭐가 있겠는가.

역시 초록은 동색이요, 가재는 게 편일뿐이라 심한 배반감마저 든다.

이런 점도 감안하여 우리 정부는 이번 기회에 노랫말처럼 '독도는 우리 땅' 이라고 확고히 천명하면서 실효적 지배를 해주었으면 한다.

2009. 12. 25(金)

⚜ 정신 나간 오자와 망언

일본 오자와 이치로 대표가 "엔 고(高) 현상을 이용해 제주도를 사버리자"라고 헛소리를 늘어놓았다. 이런 것을 두고 우리의 할아버지와 아버지들은 '섯 새베 씨도 안 먹히는 소리'라고 했다.

이는 단순한 실언이 아니라 철저히 계획되고 의도된 야만적인 망언으로 보인다.

그의 망언은 현 정부의 대일 외교를 얕잡아보는 데서 기인한 엉뚱한 발언으로써, 이는 한일 우호와 신뢰관계에 찬물을 끼얹는 중대한 망언이 아닐 수 없다고 본다.

더구나 독도 망언에 이어서 제주도 망언까지 나온다는 것은 엄연한 한국 영토인 독도와 제주도를 마치 주권 없이 바다에 떠 있는 섬으로 착각한 잠꼬대가 아닌 이상, 우리의 영토 주권을 정면으로 침해하는 것이다.

우리나라는 일본을 동등한 이웃나라 친구로 생각할지 몰라도 일본은 우리를 결코 그렇게 보고 있지 않다는 사실을 알아야 할 것이다.

왜냐면 소위 일본 제1야당 대표의 이러한 망언이 우리나라를 동등한 이웃 나라로 생각하지 않는다는 상징성을 잘 보여주고 있기 때문이다.

인간은 동물 중에 개를 좋은 친구라고 생각하지만 길들여 놓기 전에는 좋은 친구가 될 수 없다는 것이 사실이다.

이 말은 극도로 무례하고 오만 방자하게 함부로 우리를 대하는 일본의 태도를 이번 기회에 아예 고쳐 놓아야 할 교훈으로 삼아야 할 것 같다.

다른 한편으로는 현 정부는 이런 수치스런 망언을 자업자득으로 불러들인 빈틈이 없었는지를 냉철히 반성하면서, 그의 망언에 대해 엄중하게 사과를 받고, 두 번 다시 이런 일이 없도록 단단히 쐐기를 박아야만 하리라 본다.

2009. 3. 14(土)

✤ 미디어법 개정안, '여론 지배율' 기준으로

지금 여·야 대결 구도로 치닫게 하고 있는 핵심 쟁점법안은 미디어법 개정안이다.

이 법안 중에서 신문과 대기업의 지상파 방송진출 허용 여부가 가장 핵심적인 정치쟁점으로 대두되고 있다고 본다.

방송법 개정으로 기존 신문사나 특정기업은 지상파 TV는 20%, 종합편성은 30%, 보도PP는 49%까지 지분 참여를 허용한다고 되어 있다.

그런데 유럽에서는 여론시장 지배율 20%를 초과하는 언론매체(신문, 방송 등)는 다른 언론매체와 결합할 수 없도록 독과점 규제가 엄격히 적용되고 있고, 이는 사후에도 마찬가지다.

이와 관련하여 이번 미디어법 개정 법안에는 신문, 방송 겸영에 관하여 '지분 참여율' 이란 내용만 있을 뿐 '여론 지배율' 에 대한 언급 자체가 없다.

이미 20% 이상의 전국적인 여론 지배율을 사실상 각각 갖고 있는 메이저 신문과 지상파 3사의 겸영은 유럽식으로 본다면 절대 불가한 것이 아닌가.

이 법의 개정이 미디어 산업 발전과 대국민 언론서비스를 제고하려는 것이라면 차라리 여론 지배율을 기준으로 삼는 게 미디어법 개정 취지에 부합될 수도 있으리라 본다.

2009. 6. 24(水)

✤ KBS 사장, 공영방송의 정치적 독립성 지켜야

KBS 이사회(이사장 손병두)는 19일 차기 KBS 사장 최종 후보로 김인규 한국디지털미디어산업협회 회장을 결정했다.

그러나 차기 사장 후보로 선정된 김 후보는 이명박 대통령 언론참모 출신으로 KBS의 공영성을 훼손할 수 있다면서 대다수의 사원들이 그의 선임을 반대하고 있다고 한다. 그가 공영방송의 독립성을 위해 노력할 수 있는 인사라면 왜 구태여 반대하겠는가.

그런데 KBS 이사회는 대다수 사원들의 반대의사를 무시하고 무리수를 써가며 김 후보를 차기 사장 후보로 선출했다는 것은 어느 누구라도 잘 납득할 수 없지 않나 싶다.

KBS는 공익을 위한 국민의 방송이 아닌가. 공영방송의 공정성 논란이 끊임없이 제기되어 온 터라, 차기 사장은 그 독립성을 잘 지켜낼 수 있는 인사라면 더욱 좋겠다.

2009. 11. 20(金)

✤ MB氏에 밉보인 MBC

엄기영 MBC 사장을 비롯한 일부 임원들이 사직서를 일괄 제출했다고 한다.

방송문화진흥회 K 이사장은 취임 이후 엄 사장을 비롯한 MBC 임원들에 대해 하루가 멀다 하고 책임 문제를 추궁해 왔다고 한다.

물론 MBC가 그간 PD수첩의 광우병 보도와 그와 관련된 일련의 사안에 대해 정치적 편향성을 지적받기도 했다.

행여나 MB氏 정권에 밉보인 MBC를 손봐주어야 되겠다는 다른 생각 때문에 이번 사태가 빚어진 것은 아닌지 하고, 세간 사람들이 쑥덕거리고 있는 것 같다.

아무튼 그 진의는 세월이 말해 주리라 본다.

2009. 12. 9(水)

6. 뜨거운 감자, 세종시 문제

✤ J 대표, 8년 전 자신이 한 말 깡그리 잊었나

모 당의 J 대표가 세종시 문제에 대해 국민과의 약속을 지키라는 P 전 대표를 계속 비판하고 있다.

그런데 그가 지금으로부터 8년 전인 2002년 대선 때 했던 그의 말을 곱씹어보면, 자가당착이라는 표현이 딱 들어맞는 것임을 새삼 느낄 수 있다.

J 대표는 당시 행정수도 이전 논란에 대해 모 언론매체에 "세계 여러 나라를 많이 다녀봤는데 행정수도를 건설했다고 기존 도시가 망가지는 경우는 없고 오히려 전국이 균형발전을 이룩했다"고 예찬했다.

이는 지금의 세종시보다 한수 더 뜬 '수도이전 공약'인데, 이런 예찬을 한 분이 바로 J 대표다.

그는 이뿐만 아니라 그 당시 "해양수산부를 부산에, 과학기술부와 정보통신부를 대전에 이전하는 등 지역 특성에 맞도록 중앙정부기관과 국공립대학의 지방 이전을 강력히 추진하겠다" 면서 정부부처를 전국에 산개시켜 놓겠다는 계획도 밝혔다.

이런 그가 지금 당의 대표를 맡더니, 국민으로부터 버림받아 가사(假死) 상태나 다름없었던 그 당을 회생시킨 P 전 대표에게 망발을 자행하고 있다.

J 대표는 지난 날 자신의 말을 겸손히 되새겨보며 제발 부화뇌동(附和雷同)에 빠져들지 않았으면 좋겠다 싶다.

2010. 1. 22(金)

✤ 세종시 수정 시비

정부가 세종시의 핵심인 기존 행정부처 이전 계획을 전면 백지화하는 수정안을 검토하고 있다.

이는 '행정중심복합도시건설' 이란 세종시 원안에 정면으로 배치(背馳)되는 것으로서 국민의 저항을 불러일으킬 불씨를 안고 있다고 본다.

정부는 세종시 사업 원안을 수정하기 위해서는 그 법적 근거를 필요로 하는데, 얼마나 다급해서인지 그것조차 무시하고 추진하는 형국이다.

정부가 '신행정수도 건설' 이란 공공사업 목적을 내세워 당해 지역의 토지를 협의와 수용의 방법으로 원토지소유자들로부터 사실상 반

강제로 취득했지만, 당초의 취득목적과 다르게 세종시 사업을 일방적으로 수정, 변경하는 것은 그들의 재산권과 기본권 보장에 대한 침해가 아닌가 싶다.

세종시법의 목적이 기존 행정부처를 이전하여 행정중심복합도시건설에 있다는 점을 고려할 때, 원안과 다른 도시형으로 추진하고 있는 정부의 수정안은 토지보상법 제91조 1항의 "그 밖의 사유"에 해당하여 환매권이 발생될 수 있다. 이럴 경우 세종시 사업 추진이 전면 중단될 수도 있을 것이다.

물론 정부는 환매권 발생을 제한하기 위해 토지이용 계획의 변경 등 현재의 세종시 사업계획 구역을 해제하고 새로운 도시개발 구역을 지정하겠지만, 이는 본의 아니게 토지를 매각한 원토지소유자들의 기본권에 대한 국가권력의 과도한 침해이고, 공익사업변환에 대한 '토지보상법'의 입법취지에도 맞지 않아 위헌소지가 매우 크다고 본다.

정부의 무리한 세종시 수정 추진은 그 자체로서 위헌의 소지가 있을 수가 있는 만큼, 결국 '세종시 사건'이나 '세종시 게이트'로 비화되어 심각한 법적분쟁에 휩싸이지 않을까 우려스럽다.

2009. 11. 25(水)

✤ 세종시 문제, 이제는 형님이 답할 차례

세종이 논란이 연일 전국을 들끓게 하고 있다.

지금 지방 민심은 청와대에서 그저 한가롭게 여론조사 수치로만 따져 읽을 수 있는 수준이 아니다.

어제는 대구의 공장을 뽑아다가 세종시로 옮긴다고 했다가, 또 오늘은 부산의 공장을 뽑아서 세종시에 심겠다고 하는 등 하룻밤 자고 일어날 때마다 지방 공장이 하나씩 세종시로 빨려 들어갈 판이라 그야말로 세종시가 블랙홀이 되고 말았다.

성군(聖君)의 이름을 딴 '세종시'가 아이러니하게도 만신창이가 되고 있다.

특히, 세종시 문제로 여론이 들끓는 지역에는 형님 지역구인 포항도 포함돼 있다고 한다. 포항에 오기로 했던 독일 막스 플라라밍 연구소를 세종시로 돌리겠다는 계획이 전해지자, 포항시는 물론 경북 전체가 들썩이고 있다고 한다.

급기야 대구·경북 최대 부수를 자랑하는 한 일간지에서는 "L 의원(포항, 울릉도)은 지난주 경북의원 등과의 오찬에서 '세종시 문제에 앞장서 달라'는 요구를 받은바 있는데도 지역 정치권의 '큰 형님'으로 대우받는 L 의원은 아직까지 침묵하고 있다"고 목청을 높이고 있다.

이제 형님이 지역의 요구에 답할 때다. 동생이 하려는 세종시 전면수정에 형님도 찬성하는지, 그렇다면 대구—경북의 피해를 감수하고서라도 동생의 손을 들어줄 수 있는지 이제는 형님이 분명한 태도를 밝혀야 할 때 '침묵은 금'이 아니다.

2009. 11. 25(水)

⚜ 세종시 수정안, 대국민 기만극

현 정부의 세종시 수정안이 명백한 '대국민 기만극' 이었음이 만천하에 드러났다.

2월 4일 정치 분야 대정부질문에서 J 총리는, "수정안을 미리 만들어 놓고 연구용역 보고서를 짜 맞춘 것 아니냐"는 모 의원의 질문에 "정부가 지난 1년 반 동안 연구해 온 결과"라고 수긍했다.

지난 2008년 7월부터 지역발전위원회와 국토해양부, 행복도시건설청이 수정작업에 돌입했으며, 근거도 희박한 행정비효율 비용 산정을 위해 70여 명의 연구단과 40명의 자문교수단을 동원했다는 것이다.

J 총리의 해명은 현 정부가 관계부처와 공공기관의 인력을 동원해 '원안 백지화' 를 위해 꾸준히 물밑작업을 해왔음을 자인하는 것으로, '수정안 사전 결정 의혹' 을 제기한 며칠 전 〈MBC〉의 보도 내용과도 일치한다.

결국 세종시 수정안은 세간에 알려진 것처럼 지난해 9월 J 총리의 발언으로부터 촉발된 것이 아니라 현 정부 출범과 동시에 시작된 것이다.

그러고 보면 대통령 선거 시 내건 '세종시 원안 추진' 이 수정안으로 둔갑되었으니 그 공약은 당선을 위한 거짓 공약으로 끝나 충청도민을 기만하고 만 셈이다.

국가백년대계라는 허울 좋은 명분이 동원된 세종시 수정안은 청와대 각본에, J 총리 주연, 정부부처와 공공기관이 엑스트라로 총동원된 '대국민 기만극' 에 불과한 시나리오가 되고 말았다.

뭐니 해도 J 총리는 MB 정부의 '세종시 꼭두각시' 라는 불명예는 벗으려야 벗을 수 없으리라 본다.

2010. 2. 5(金)

✤ 세종시 수정안이 안고 있는 또 다른 불씨

세종시 법에 따른 9부 2처 2청의 이전과 복합도시의 건설을 내용으로 하는 행정중심복합도시 건설계획은 이른바 행정계획이다.

그래서 정부의 세종시 수정안에 따라 행정기관 이전을 백지화 한다면 당초의 행정계획을 변경해야만 한다.

이럴 경우 확정된 행정계획은 법률관계를 확정적으로 형성하기 때문에 당초의 행정계획의 집행을 믿었던 세종시 주민들의 기대를 저버린 신뢰 보호의 문제가 발생한다. 이와 같은 신뢰보호를 법리적으로 보장하기 위해서 학설상 '계획보장청구권' 즉 '계획존속청구권' 을 인정하고 있다. '계획존속청구권' 은 계획의 폐지 또는 변경에 대항하여 당초 행정계획의 존속을 주장하는 권리를 의미한다.

그런데 정부의 일방적인 행정계획 변경은 법치국가의 원리에서 나오는 법적 안정성을 침해할 수도 있다고 본다.

세종시 원 주민들은 지금까지 왈가왈부해 온 '환매권청구' 외에도 '계획존속청구권' 이라는 권리에 근거하여 세종시 원안인 행정계획존속을 주장할 수 있을 것이다.

이런 점을 볼 때 세종시 수정안은 건드리면 건드릴수록 툭 터질 '뇌관'을 자체에 안고 있다는 점을 정부는 스스로 알아야 하지 않을까 싶다.

2010. 1. 26(火)

⚜ 세종시 입법예고, 절대로 있을 수 없는 일

정부가 고위 당·정·청 회의를 열고 세종시 수정안 법제화를 위한 입법예고를 27일 하기로 결정했다. 이는 세종시에 대한 국민여론에 귀 기울이기를 포기하고 '입법전쟁'의 개시를 선포한 것으로 보인다.

여당은 확정된 당론을 갖고 당·정·청 협의를 통해 입법예고 하는 것이 순리인데, 이번 결정은 '세종시 수정안'에 대해 야당은 물론 여당 내에서조차 반대 입장을 보이고 있는 가운데 앞질러 여당의 당론변경을 전제로 한 것인 만큼, 삼권분립정신과 법치주의를 사실상 부정하는 것이다.

현행 세종시법은 엄연한 현행법이므로 정부는 이 법의 집행의무를 지고 있다.

그런데 이 법을 정지시켜 놓은 채, 그 개정안을 제정하기 위한 법안을 입법예고하는 것은 헌법이 규정하고 있는 통치 질서 즉 삼권분립의 원칙과 국민주권주의 그리고 의회민주주의에 반하는 것이 아닌가 싶다.

그리고 여당이 그들의 정강정책을 실현하기 위해 법률을 제정하거나 개정할 경우 그 당론은 수권된 국민의 의사를 의미한다.

세종시의 경우 원안유지가 여당의 당론인데, 이를 변경하는 민주적 절차가 진행되지 않고 있는 시점에서 불쑥 세종시법 수정안을 입법예고 하겠다는 것은 법과 법질서를 무시하는 반법치주의적인 것이다.

우리의 헌법정신과 법치주의를 무시하고 있는 이번 '세종시 수정안' 입법예고 예정은 결코 있을 수 없는 일이다 싶어 할 말을 잃고 있을 뿐이다.

2010. 1. 25(月)

세종시 전쟁터의 한 돈키호테 여전사

J 모 의원이 '세종시 수정안은 환매권 발생과 위헌 소지가 있다' 는 본인의 논평에 대해 모 일간지를 통해 "터무니없는 주장" 이라며 "안전장치는 이미 다 마련돼 있다" 고 말했다.

그는 정말 이 건에 대해 잘 몰라서 한 발언인지 아니면 알고 있으면서도 세종시 여론을 호도하기 위한 일도양단 식 말장난인지 묻고 싶다.

누가 '터무니없는' 것인지는 두고 보면 알 일이지만 좀 신중하게 발언을 했다면 유감이 덜 하지 않나 싶다.

그런데 J 의원이 말한 그 '안전장치' 란 도대체 무엇인가. 환매권 요구를 틀어막기 위한 당근이라고 보는데 과연 짐작컨대 과연 주택 제공이나 일자리 제공 같은 일련의 당근이 안전장치가 될 수 있겠는가.

그런 미봉책의 당근으로 수많은 원토지 소유자들이 원안과 다른 수정안에 모두 승복하리라고 본다면 그것이야말로 '터무니없는' 발상이 아니겠는가.

이번 그의 발언을 들어보면서 마치 풍차소리를 듣고 백만 대군이 몰려오는 것으로 착각하여 말을 타고 적진으로 돌격하는 돈키호테와 같은 모습이 언뜻 떠올랐는데, 그것은 오로지 나만의 생각이 아니지 않겠는가 싶다.

2010. 1. 12(火)

♰ J 총리가 세종시 문제 해결 그르치고 있다

세종시 법은 전 정부 때 당시 야당인 한나라당이 당론에 의해 여야 합의로 통과된 법안이다.

그런데 지난 10월 여당의 당론에 의해 야당의 반대를 무릅쓰고 가까스로 인준된, 당론 위력의 덕을 톡톡히 본 J 국무총리가 아이러니하게도 기존당론인 세종시 원안을 무시하고 용감무쌍하게 수정론 게임카드를 들고 나온 배짱(?)이 참 신기했다.

J 총리는 지금 세종시 원안이 시퍼렇게 살아 있는데도 기업과 대학 유치에 무모하게 열성을 다 쏟고 있으니, '김칫국부터 마신다' 는 국민의 눈총을 받지 않을 수 없는 것이다. J 총리가 동분서주하면서 정부의 수정안을 한번 관철시켜보겠다고 과감하게 바겐세일 영업(?)을 펼치

고 있지만, 이런 일련의 졸속행보가 도리어 국가균형 발전에 역행하고 세종시 문제 갈등만 더 키우고 있다.

J 총리의 지동지서(指東指西)하고 있는 행보를 보면서 "총리 벼슬 내어놓는 한이 있더라도 세종시 게임극 배우(?) 노릇은 이제 그만하라"고 간청하고 싶다.

2009. 11. 23(月)

⚜ 세종시 광고에 김연아 선수도 나올 판

정부가 세종시 수정여론을 전방위로 확산시키기 위해 방송 3사는 물론, 연예인과 유명 운동선수까지 총동원하는 방안이 담긴 자료가 나왔다고 한다.

보도에 따르면 특히 문체부를 중심으로 이 같은 방안을 추진하고 있으며, 세종시의 수정 필요성을 대변하는 '표어' 까지 만드는 방안도 검토됐다고 한다.

이 무슨 80년대식 3류도 아닌 4류 코미디인가? 지금 시대가 어느 때인데 방송을 정권의 나팔수로 활용하고, 그것도 모자라 연예인과 체육선수까지 동원한단 말인가.

그동안 낄 때 안 낄 때 모두 끼어든 문체부가 이번에는 세종시 문제에까지 끼어들겠다니 그야말로 참 오지랖도 넓다.

정부의 이번 문건은 명백한 여론조작 시도 사건으로, 문건 작성자는 물론 그 전말이 낱낱이 밝혀져야만 한다.

행여나 국민적 영웅 김연아 피겨선수까지 동원하여 세종시 수정 광고프로그램에 출연시키지 않을까 싶어 우려가 된다.

2009. 12. 2(水)

⚜ 백년대계가 무슨 고무줄놀이인가

정부가 세종시 수정안 발표를 이달 중순까지 발표하기로 했다가 느닷없이 한 달 늦추기로 했다고 한다.

국가 백년대계가 무슨 동네 꼬마아이들의 고무줄놀이도 아니고 이렇게 늘렸다, 저렇게 줄였다, 참 편리해서 좋다.

정부는 수정안 발표 연기를 A 원내대표의 요구를 받아들인 것이라고 설명하고 있다.

그러나 행여나 A 원내대표가 정부안을 살짝 엿보고 난 뒤, 기실은 수정안의 내용이 별 볼일 없다 싶어 너무 놀라 움찔한 게 아닌가 하고 짐작해 본다.

그래서 한 달만이라도 기간을 더 끌고 싶은 것이 아니었는지 묻고 싶다.

그만큼 수정안이 졸속이라는 것을 반증하고 있다.

애초부터 수정안이 졸속일 것이라고 예상해 왔다. 국가 백년대계라면서 한두 달 만에 뚝딱 해치우려는 그 발상 자체가 졸속이기 때문이다.

다른 여론조사는 차치하고서라도, 충청인들의 70%가 세종시 원안 추진에 찬성한다는 한 여론조사 결과가 나왔다.

그리고 오늘은 어느 한 유력 보수 언론인이 대통령에게 세종시 수정안을 포기하라는 조언을 내놓기도 했다.

정부는 그래도 상황판단이 잘 안 되는지 우왕좌왕만 하고 있어 참 애처로울 따름이다.

2009. 12. 7(月)

✣ J 의원, 너나 잘하세요

J 모 의원이 어제 한 포털사이트 프로그램에 출연해 "모든 정치인은 변화하고 진화해야 하는데, P 전 대표도 변화를 했으면 좋겠다"라면서 P 전 대표를 또다시 비판하고 나섰다.

그러면서 세종시 수정에 찬성하는 K 모 의원에 대해선 "솔직하고 용기 있는 것 같다"고 극찬을 아끼지 않았다.

그동안 J 의원 발언에 대하여 구태여 언급할 필요가 있을까? 하고 자제해 왔지만, 기왕 그가 P 전 대표를 입에 올렸으니 '기브앤 테이크식'으로 나도 한 마디 되돌려 주겠다.

J 의원은 기억하는가! 지난 2005년 3월 박세일, 박찬숙, 김애실 의원 등이 행정복합도시법을 반대하면서 의원직 사퇴의 배수진을 쳤다. 그

때, 이 법이 여야합의로 통과되자, 그는 이들에게 뭐라 했었나? "말에 책임지고 당연히 사퇴해야 한다. 국회의원 사퇴가 애들 장난도 아니고" 라고 말하지 않았나.

그 당시 통과된 세종시법을 반대했던 사람들에게 4년 전만 하더라도 약속한대로 의원직까지 사퇴하라고 했던 그가 아닌가. 그런데 지금에 와서는 세종시 수정이 'MB의 결단' 이라고 감동적(?)인 용비어천가를 부르고 있다. 이게 그가 말하는 'J 의원식 변화이고 진화' 인가.

J 의원은 P 전 대표에게 주제넘게 훈수두지 말고, 어느 영화 속 대사처럼 '너나 잘 하세요' 라는 말을 들려주고 싶다.

2009. 12. 17(木)

✣ 정부의 환매권 제한, 위헌적이다

정부는 27일 세종시 수정안 입법예고를 하면서 수정에 따른 환매권 제한은 위헌이 아니라고 발표했다.

이는 헌법재판소의 판단도 받기 전에 정부가 단정할 문제가 아니라고 본다.

헌법재판소는 일찍부터 환매권은 헌법 제23조 제1항이 보장하는 재산권의 내용에 포함되는 권리로 보았다(헌재 1995.2.23,92헌바14). [법률에 의한 환매권제한에는 소급입법에 의한 재산권박탈금지 원칙(헌법 제13조 제2항)이나 재산권의 과잉제한금지원칙(헌법 제23조 제1항, 헌법 제37조 제2

항) 등 헌법상의 원칙이 준수될 것이 요구된다.]

대법원은 공익사업 변환제도를 긍정하고 있지만, 그 전제로서 '당초의 공익사업보다 그 공익성의 정도가 높은 다른 공익사업' 으로 바뀌는 것일 경우로 제한하고 있다. ["당초의 공익사업이 공익성의 정도가 높은 다른 공익사업으로 변경되고 그 다른 공익사업을 위하여 토지를 계속 이용할 필요가 있을 경우(대판 1992.4.28, 91다29927)"]

그러나 '세종시 원안' 에 비하여 행정부처 이전 전면 백지화 등 민간기업에게 토지를 불하하는 '수정안' 이 공익사업의 변환제도가 허용된다고 할 수 없으므로, 이를 추진하기 위해서는 원토지소유자에 대한 환매권을 허용한 후 재수용절차를 밟아야 함이 헌법 및 법률의 취지에 부합하는 것이고, 이러한 절차를 밟지 않는 경우에는 위헌, 위법적 조치에 해당한다고 본다.

행정중심 복합도시 사업목적으로 땅을 수용당한 원토지소유자들은 세종시 수정안에 따른 목적변경으로 이미 환매권이라고 하는 기본권(재산권)은 성립되었다. 따라서 기본권 침해 입법 및 행정조치에 대한 헌법상의 한계가 준수되어야 한다.

정부는 환매권 배제의 근거규정을 입법화한다지만, 이는 이미 성립된 기성(旣成)의 헌법상 기본권(재산권)에 대한 진정소급입법으로서 세종시 원토지소유자들에 대해서는 적용되지 않는다고 본다.

더구나 헌법재판소가 환매권을 재산권의 내용으로 보고 있기 때문에, 이미 성립된 기본권으로서의 환매권을 사후에 법률로 제한한다면 헌법상 소급입법금지의 원칙에 반하는 위헌이 될 수밖에 없을 것이다.

결국 세종시 수정안이 원안의 공익성에 비하여 그 공익성의 정도가 현저히 낮음에도 불구하고 무리하게 공익사업변환제도를 적용한 환매권 제한은 헌법상 보장된 기본권(재산권) 침해일 뿐 아니라 동제도의 입법취지에도 반하는 위헌적인 것이므로 정부는 이를 반드시 재고해 주었으면 한다.

2010. 1. 28(木)

✤ 세종시 발전방안의 허점

정부가 11일 세종시 발전방안을 확정 발표했다.

당초의 '행정중심 복합도시' 를 포기하고 대신 '교육과학중심 경제도시' 로 그 성격을 완전히 바꾸겠다는 것이 주요내용이다.

이는 다른 지역 혁신도시와의 형평성에도 맞지 않을 뿐 아니라 세종시 원안을 마치 일고의 가치도 없는 듯 백지화 한 처사다.

세종시 원안 골격인 9부2처2청 가운데 단 하나의 행정기관도 세종시로 내려 보내지 않겠다는 그 발전방안은 가령 '환매권' 의 경우만 보더라도 언제 터질지 모르는 분쟁의 소지를 안고 있는 치명적인 법적 결함이 있다는 것을 알아주었으면 한다.

정부가 공용 목적으로 토지를 수용한 뒤 당초의 목적과 다르게 그 토지를 사용할 경우, 토지를 수용당한 원토지소유자들이 환매를 요구할 수 있을 것이다.

그런데 만일 이런 환매권 발생을 제한하기 위해 '공익사업 변환제도(토지보상법 제91조 6항)'를 무리하게 적용할 경우에는 헌법에 보장된 재산권 침해인 동시에 동 제도의 입법취지에도 반하여 결국 위헌소지가 발생할 수 있다고 본다.

물론 정부는 행정중심 복합도시 건설과 같은 공익사업이 교육과학중심 경제도시와 같은 공익사업으로 바뀌는 경우, 토지의 환매권이 성립되지 않는다고 주장할 것이다.

그러나 행정기관 이전 안을 완전 백지화하고 입주 민간 기업에 토지를 저가로 불하하는 등 파격적인 특혜를 제공하고 있는 이번 발전방안은 기존의 원안에 비해 그 공익적 성격이 현저히 낮을 수밖에 없으므로 환매권에 대한 줄 소송이 일어나리라는 예측이 불을 보는 듯하다.

이런 예측을 뒷받침할 수 있는 대법원 판례도 있지 않은가.

대법원은 "다른 공익사업으로 토지수용이 바뀌더라도 공익성의 정도가 높거나 최소한 비슷한 수준은 되어야 한다"라고 판시하고 있다(대판 1992.4.28. 91다29927).

이런 판시를 적용해 보면 정부의 세종시 발전방안은 환매권 발생에 따른 위헌소지가 매우 높을 수밖에 없다.

정부는 이런 문제를 예상하여 토지 원 소유자들에게 환매권 대신 주택과 일자리 제공이란 당근을 던져주겠지만 이에 동의할 당사자들이 과연 몇이나 되겠는가.

'긁어서 부스럼난다'는 말이 있듯 멀쩡한 원안을 국가 백년대계란 미명 아래 공연히 긁어 부스럼 만든 발전방안이 국력낭비와 국론분열을 자초하고 있다는 것을 직시해야 할 것이다.

따라서 세종시 발전방안은 적어도 법리적인 관점에서만 보더라도 법치주의, 법치행정을 앞장서서 준수해야 할 정부가 헌법과 법률을 무시하고 있는 만큼, 위헌적인 사업추진이 될 수도 있는 허점이 있다는 것을 분명히 알았으면 한다.

2010. 1. 11(月)

제3부

시(詩)에 담아본 이 생각 저 생각

천지(天池)의 바람

높고도 높은
저 비취 빛 하늘 못(池)이여!

민족의 혼(魂) 실어
저 칼바람이 희살 칠 때는
눈부신 소리 장엄하도다.

성산(聖山)에서 일렁이는
저 바람은
신비로운 소리만 남기고
푸른 빛 구름 그늘 속으로
사라지는가.

그 누구도 아직
그 바람을
본 적이 없다.

아, 티끌만도 못한 나는
그 바람의 궤적을 찾으려
먼 하늘만 바라보고 있다.

초원의 별빛

눈앞에 누워 있는
푸른 초원이
잿빛 하늘 아래
끝없이 펼쳐져 있다

어릴 적
고향집 마당에서 본 은하계와
지금 만나고 있는가

금새라도
나와 겹쳐질 것 같은 별구름은

밤바람의 정수리에 앉은
내 어지러운 상념들을
모두 날려버린다

낯익은 추억의 마음 문 열어젖힌 채
팔 괴고 별무리 손님 기다린다

어두운 밤하늘
세상 담아내던 마음 비워내며

비워진 우주 속에서
나의 존재를 되새겨 본다.

별비 내리는 호수

몽환처럼 부유하는
물안개의 노래였다

들숨 날숨 반복하면서
폐부 깊숙이 들어온
청량한 협스걸 호수 공기

바쁘게 달리기만 하던 일상
잠시 내려놓고
비어있는 마음의 집으로 돌아간다

이 거대한 호수
그리고 별비의 아우성

호수에 빨려드는 나는
말문을 잃은 채
이럴 땐
차라리 침묵이 아름답다.

헙스걸 호숫가

숨소리마저도
뼛속까지
혹독하게 얼어붙는
눈보라가
산을 이루었다

헙스걸 호수,
이방인을 따뜻하게 맞아주는

바다같이 거대한
신비함과 아름다움이 스며
바람소리 물소리도
마술에 걸려 정지한 채 서서
인간의 손길마저 거부하는 저 호수

제국의 영화가 사라져버린
광활한 신의 땅에서
잃어버린 나를 만나고 있다.

어머니의 육신

기억에서
멀어져가는 화석으로
당신의 인자하심도
영특하심도
이제 굳어져만 갑니다

돌산처럼 강인하셨던
육신의 질그릇도
더깨핀 세월과
바다를 가르는 듯한
병마 앞에선
처연하게 부서져 내립니다

핏기 잃은 인형으로
이미 소진된
병약하신 내 어머니의 육신

얼마 후면
당신께선 영영
먼 길 떠나가시겠지만

남겨주신
위대한 정신의 산물은
여명의 빛으로 남아
내 가슴속에 영원히
살아 있겠지요.

끝없는 초원

가도 가도 끝없는
짙푸른 초원이
바다로 펼쳐져 있다

광활한 초원은
아이들 가슴에
냇물을 흐르게 하고

지병인 그리움이
살짝 고개 내밀면
살아온 삶의 무게 초원에 내려놓고

끝없는 세상과
한바탕 어울리며
가쁜 숨 고른다.

어느 토요일 오후

창밖의 가을 햇살은
고뇌에 찬 열정
다 내려놓고
오늘 만큼은
살가운 통음에 취한다

사랑의 빛깔도
삶의 깊이마저도
측량할 수 없는
산 같은 어설픔으로
고독한 독거와 마주 앉는다

무엇을 찾기 위해
누가 그렇게도 숨차도록
걷게 하였는가

푸른 존재함을 향해
번민 속의 건재함을 건져 올리며
소멸의 아름다움을 깨닫고
낯익은 침묵 속으로 나를 밀어간다.

어머니의 옹알이

기억이 조금씩
무너져 내리는
당신의 방이 있다

아무도 찾지 않고
아무도 묻지 않는 방

'별 일 없재?' 하시는
당신 신호에
익숙해진 나는
밤이면 당신과 함께 분주해 진다

봄인지 여름인지
낮인지 밤인지
아무 것도 모르시면서
아흔 다섯이신 어머니
옹알이로 바쁘시다

큰 그림자 일렁이면
나를 부르시며

혼자 끄덕이신다

짬짬이 중얼대시는
어머니의 옹알이.

어린아이 시절의 아들을 안고 있는 듯한 모습으로 책을 보시는 어머님

충현동산

정녕 떠나셨습니까?

주시던 사랑, 아직 식지 않았는데
세월 놓아 버린 어머니
여기에 영면(永眠)하셨습니다

찬바람 칼날 세우는 밤이면
더욱 간절한 그리움으로

불효자는
눈물의 강이 됩니다

향년 아흔일곱, 자비의 삶 마감하신
어머니 오일장(葬)이여
호상(好喪)이라 하더이다

그날
복사꽃으로 떨어져 나가시던
어머니 임종
지켜 드리지 못함에

가슴에 주먹만 한 눈물 흐릅니다

깔깔한 적막마저 울고 있는 이 밤
천추의 한(恨)이 된
못다 올린 효(孝)와
긴 밤을 밝히며,

하늘에 계신 어머니께
목이 메이도록 용서 빕니다

아! 어머니
편히 잠드소서.

벚꽃 필 무렵이면 · 1
—酌川亭 벚꽃

음력 삼월이 냇가에 앉으면
하얗게 피어나는
고향 벚꽃길이 보인다

태백산맥 심장을 타고
가지산, 영취산 자락 휘돌아
신불산 등판을 따라
내려온 겨울 칼바람은
어느새 산마루에다
봄기운을 부려놓는데

연분홍빛 상춘객들은
환한 벚꽃 터널로 흐르는
작천정 맑은 물 향기에 취한다

음력 삼월이면
나는 먼 객지에서도
벚꽃 산이 된다
벚꽃 향이 넘실대는 고향이 된다.

벚꽃 필 무렵이면 · 2

—酌川亭 벚꽃

음력 삼월에 이는
분홍빛 물결은
신불산 자락마다 넘실댄다

화사한 분홍빛 꽃잎은
떼나비가 되고
꽃보라가 된다.

동심에 방아 찧던 가슴으로
버찌를 따먹던
단맛 돌던 그 유년이여

그 유년의 물살 헤치며
세월 거슬러 올라온 연어처럼
백발 된 늙은 벚나무는
삼월 햇살로 동리를 지키고

화사한 내생을 기약하며
꽃잎 진 그 자리에 서서
따뜻한 미소로 촌동(村童)을 반겨준다.

옹달샘 · 1

늘 푸른
소나무처럼
마르지 않은
기억 살아난다

깊은 산 속 풍경보다
더 정겨운 내 고향
아름다운 동화 속
작은 옹달샘 하나

논두렁
밭두렁 길
가로 질러 가슴 열고 달려간
촌동(村童)에게

영혼의 갈증 달래주며
설익은 등 토닥여주며
하늘도 품은 넓은 가슴으로
포근히 안아주던 옹달샘 하나.

옹달샘 · 2

유년의 앨범 속에는
앞니 빠진 개구쟁이
웃음이 담긴
옹달샘 하나 있다

샘물은
쉼 없이 채워주던
어머니의 강으로
내 맑은 영혼을 적셔주었다

표주박으로 건져 올린
그 샘물 속에서
출렁출렁 꿈이 일어서던
맑은 옹달샘의 추억

새우처럼 엎드려
샘물과 입 맞추던
가슴 한 켠에
지금도 흑백 사진으로 남아
변함없는 친구인가
나를 지켜주고 있다.

고향 생가를 찾아서

텅 빈 고향집에 돌아와 보니
사방을 둘러봐도
퇴적된 가족의 시간들이
고른 숨을 쉬고 있네

옛날 어른들의 모습은
세월 속에 묻혀버린 전설로 남아
내가 심었던 청년이 된 꽃나무와
뜰에 핀 한 송이 꽃이
반갑게 맞아 주네

수백 년 풍상을 홀로 견뎌온
늙은 팽나무는
옛 모습 그대로 마을을 지키면서
유년의 개구쟁이 나를 알아 보네

고향이 낯설어지고
낯선 곳이 고향이 된다 해도
주인의 부재 속에
무심한 세월이 기웃 거리네

뛰놀던 향수가 그리워
눈을 감으면
객지로 떠나간 소꿉친구들 음성이
사방에서 여울져 오네.

인생 설계

잠깐
더 높이
더 푸르게 오르고픈
상상에 잠겨본다

위로
더 위로
올라가고픈
꿈에 젖어본다

다시 제자리로 돌아온
꿈은
다 이룰 수 있다는 교만의 옷을 벗고

비워야 채워진다는
소중한 가치를
현실 속으로 가꾸어 가는

저무는 황혼을 응시(凝視)하며
미소 지을 수 있는

그런 인생을 설계해 본다.

인생 · 1

피었다 지는
새털구름처럼
바람 잘 날 없는
영육의 세월 속 스쳐가는
우리는 나그네

풀잎 끝에 맺힌
눈먼 이슬
우주 속의 점 하나로
소멸 되어 갈

너는
풍진 세월에 씻기워진
파란 꿈의 정수리에서
한 줌 재가 될 흔적 남기려
앞만 보고 질주하는
찰나의 바람이다.

인생 · 2

선한 인내로 핀
덧없는 무상함이다

세상의 옷 잠시 벗고
긴 사색에 잠겨본다

나는 어디서 왔다
어디로 가는 것일까

오늘도 갈 곳조차 잊은 채
바람으로 떠돌다
강물로 흐르고 싶은
내 안의 큰 울림이어라

바람이 그려놓은 길 따라
욕망 삭인 그리움
듬성듬성 꿰매며

바람처럼 구름처럼 흐르고 흘러
진실의 목소리 크게 내며

잠시 소풍 왔다
먼 길을 떠나는
여행 같은 것.

사막의 낙타

고비사막
그 황량한 사막길을
유목민의 발이 되어
짐을 나른다

웃음 머금은 개들도
짐낙타와 유랑을 즐기고
모진 태풍도, 한파도 막아내는
낙타의 인내력
낙타의 쌍봉은
어머니의 품이다

끝없는 사막길
여행객 마음을 싣고
입거품 흘리며
이빨 부딪혀 나는 처연한 소리를
전통 노래와 마두금 연주에
그 큰 눈에 눈물 흘리는 사막의 낙타.

우울한 욕망 · 1

옳은 생각의
입자가 되어
공기 속으로
빠져 들어간다

태양처럼
영원을 갈구하였건만
끝내
신(神)이 될 수 없는
회색빛 욕망의 굴레

아직도 충만한 무엇 하나
건지지 못한 언덕에서

이른 새벽
고목의 깊은 사유(思惟)를 배운다.

우울한 욕망 · 2

만물의 영장인 사람이
인간으로 존재하는 이유는
죽음까지도 사유하기 때문이리라

이 거대한 도시
현란한 문화를 창출한 사람들

각자의 이름 석 자가
오래오래 남아
역사의 찬란한 빛이 되길 바라며
자기의 발자취를
영원한 기록으로
남기려 하고
불사(不死)의 정신으로
지지 않는 해를 꿈꾸는가

허나
현대 속의 우리는
두렵고 혼탁하다

생로병사의 길을 가는

그리하여 언젠가는
한 줌의 흙으로 돌아가리니
회색빛 욕망일랑 버리고
자연으로 돌아가자.

아차산 까치집

아차산 오르는 산마루 턱
세 그루의 키 큰 나뭇가지 끝에
동그란 까치집 있다

먼 옛날 둥지 그대로
고풍스런 모습의 까치집 세 채

모진 겨울을 어찌 견디려고
칼바람 휘몰아치는
저 높은 곳에
제 집을 매달았을까

새벽에 동무하여
홍시 먹으러 나간
까치는 지금 외출 중

오르고
또 오르다가
내려가는 길을 잃고

늦가을 햇살과 숲속 공기 들이키며
가지 끝 까치집
쳐다본다.

살며 베푸는 사랑이여

사랑한다는 것은
아픔도 어려움도 함께 하는 일입니다

더욱 사랑한다는 것은
나눈 외로움마저도
함께 하는 일입니다

나보다는
남을 먼저 배려하는 마음
목울대까지 차오르는 욕심
한 꺼풀씩 벗기고

함께 도우며 사는 삶
함께 나누며 사는 삶
함께 베풀며 동행하는 삶으로
비우면서 아픔 같이 할 때
은혜로운 삶이 아닐까요?

행복은 결코
물질 충만에 있는 것이 아니며
땀으로 이룬 물질의 일부

소외된 이웃에게 환원할 때
행복한 삶이 되지 않을까요?

사랑은 함께 나누는 것입니다
나눈 삶은 아름다운 사랑입니다.

아차산 울림이여

보라
새벽을 여는
빛부신 아차산의 울림이여

그토록 염원(念願)했던
순백의 정직
한데 아우러져
여기 힘차게
하늘을 향해 닻을 올렸다

아직도 미몽(迷夢)에서
잠 못 깬 우리가 있기에
날마다 맨살 찢는 고통 감내하며
가지빛 한(恨)을 삭인
새 언로(言路)의 통로로 거듭 태어났다

이제
세속(世俗)의 때 훌훌 벗고
너른 포용과 인정(人情)으로
사랑의 새 노래를 들려주나니

오! 벅찬 설렘이여
당당한 외침이여

늘 짱짱하게
살아 숨 쉬는 언어로
우리의 정직한 눈과 귀 그리고 소리가 되라

곧은 정신으로
광진(廣津)의 지명(知名)높은
청청한 청량제가 되어
그 품은 뜻 온 천지에 향기 가득 퍼뜨려라 .

어머니 닮은 아차산 · 1

어머니 당신을 존경합니다

치매로 투병 중이신
아흔 다섯의 아기가 되신
어머니

'야야, 밥먹어라'
지금도 챙겨주시는
어머니 사랑에 목이 메입니다

바쁜 일상으로
건조해진 내 영혼에
사막의 오아시스이신 어머니

오늘 당신의 넓은 가슴에
내 작은 마음을 뉘어봅니다

폭풍우 휘몰아치던 어느 날의
성공적인 아차산 산행도
어머니께서 동행하셨기에 가능했습니다

당신 가슴에 전부를 묻었던 제가
이제는 제 마음의 뜨락에
당신을 편히 모십니다

이 생명 다하는 날까지
어머니 당신을 사랑합니다

어머니 닮은 아차산 · 2

어머니 당신을 사랑합니다

올해로 아흔 일곱 해를 수(壽)하신
어머니를 가슴에 모시고
매일 새벽 아차산에 오릅니다

어머니 품 같은 아차산에 오르면
푸른 숲, 넓은 바위, 물소리
바람소리, 새들의 합창 들려오는데
산의 아름다운 모습이기도 합니다

아차산에 오르면
한 세기를 인고의 세월로
촛불같이 묵묵히 살아오신
어머니 삶의 모습 같아서
산을 바라보노라면 가슴이 뭉클합니다

전 씨 문중의 대종가 맏며느리로서
시부모님께 효도하신,
일가친척 모든 분께 귀감이 되셨던 당신은
한국의 대표적인 신사임당이셨습니다

어머니 당신이 계셨기에
우리 육남매 모두
사회에서 제 몫을 잘 감당하고 있습니다

이제까지
따뜻하신 어머니 참 사랑이 계셨기에
오늘의 제가 있습니다

어머니 진정으로 당신을 사랑합니다

막 말

할 말이
없으면
말하지 마라

말귀가
없으면
듣지를 마라

말이
말을 낳는다

그 말이
불씨 되어
말의 불바다를
이룬다

옛 선인의 말대로
말이 말을 낳고
또 화를 낳는다.

아름다운 변화

'배부른 것이 제일 무섭다' 고 노래한, 어느 시인의 말이 생각난다. 오늘의 당신은 가까운 곳에 있는 소중한 이웃을 너무나 가볍게 여기면서 살아가고 있지 않은가. 그리고 당신 곁에 있는 모든 것들을 너무나 무감각 · 무감동으로 생각하고 있지 않은가. 이제 당신의 삶이 인생의 무대 위에서 한 번인 것처럼, 인생의 남은 모든 날들을 조용히 음미하여야 한다. 빗장이 굳게 닫힌 마음에는 먼지 한 톨 앉을 자리가 없다. 그러나 아름다운 변화로 열린 당신의 마음에는, 뜨거운 가슴으로 세상 모든 것을 담을 수 있다. 희망만이 희망을 낳는다는 이치를 마음이 아픈 이웃들에게 알려주자. 그리하여 '나눔' 의 씨앗을 뿌리며 따뜻한 사랑의 꽃밭을 가꾸어 가자. 사람이 꽃보다 아름답게 피어나는 모습을 눈으로 보면서….

다양한 활동 속에 이루어 낸 문학적 성취

–전지명의 『찻잔 너머의 세상』을 읽고

이 유 식(평론가 · 전 대학교수 · 한국문인협회 고문)

Ⅰ. 들어가는 말

전지명 박사, 아니 전지명 시인은 나와 오랫동안 문정을 나누어 온 올곧고 후덕한 선비 정신을 지닌 문인이다. 수필가이기도 한 그는 전 문경영인으로 대학 겸임교수도 겸하고 있는 지식인이다. 그러면서도 사회봉사활동이나 좋은 사회나 국가를 만드는 일에도 참여하여 참 지성인의 면모를 유감없이 발휘도 하고 있다.

그런 그이지만 또 문학에도 남다른 애정과 열정을 보여주며 문필활동도 열심히 해오고 있다. 이미 여러 권의 개인문집을 낸 바 있고, 일반서적이나 전문서적도 여러 권을 내고 있으며, 이외에도 편저나 공저와 같은 저작활동에도 부지런히 참여하고 있다.

그런데 이번에는 다양한 수필류와 시로 엮어진 종합문집이랄 수 있는 『찻잔 너머의 세상』을 내놓게 되었다. 우선 축하를 드린다. 이 책의 장점이라면 비록 분량은 많은 편은 아니지만 종합문집인 만큼 내용이

다채롭다. 다른 책에서는 좀체 볼 수 없는 글들이 많아 새로운 호기심을 촉발시켜 주고도 있다.

또 위에서 언급했듯이 다른 사람들은 한 가지 일도 벅차다 하는데 작가, 경영인, 교수란 다양한 역할을 잘 수행하고 있는 그의 모습에서 남다른 삶의 모습을 볼 수 있어 그의 성실함과 남다른 인간적인 면에서 신뢰가 가는 분이란 걸 느낄 수 있다.

II. 이 책의 주요 내용들

이 책은 수필편, 단상편, 시편으로 엮어져 있다. 크게 보면 산문집인데 시편이 양념구실을 하고 있다고나 할까.

먼저 출판 초고를 읽어보며 내용을 분류해 보았다. 제1부 수필편은 개인 수필류, 생활 수필류, 자연관조 수필류, 정치사회 수필류 등으로 되어 있다. 제2부는 단상으로 써 본 이 생각 저 생각 편으로 작가가 한때 공당의 대변인일 때 정치·사회 현안에 대해 발표했던 논평 일부와 그 이후 트위터에 올린 촌철 같은 짧은 글들이 실려 있다.

우리 사회에 만연되어 있는 고질병이나 폐해, 모순과 부조리한 세상을 비판하면서 밝고 건강한 사회에 대한 열망을 표현해 내는 게 사회수필이라면, 2부의 논평 같은 글들은 정치·사회 수필류가 아닌가 싶다.

이 글들의 내용을 보면 작가는 수필가로서만이 아니라 한 지성인으로서 날카로운 판단력과 뛰어난 문체로 사회적 책무를 다하고자 하는 진면목을 유감없이 보여주고 있다.

제3부 시편에서는 27편의 시가 실려 있다. 그리고 시에만 나타난 소재로서 어머니에 관한 것이 5편, 고향에 관한 것이 5편, 인생론적 명상이 9편, 자연에 관한 것 등이 8편이 되었다.

그럼 이제부터 이런 분류에 따라 그 내용들을 하나하나 알아보기로 하겠다.

수필 편에서는 5편 정도의 글만을 소개해 보기로 하겠다.

먼저 「찻잔 앞에서 본 당 대표들의 일화」 4편은 본격적으로 사람의 성격이나 언동을 다루는 이른바 인물 수필류가 아니라 실수담 비슷한 내용으로서 말하자면 일화(逸話) 수필로서 독자들에게 상당한 흥미를 유발할 수 있는 글이라고 본다.

작가는 이들 작품에서 우리 사회 최고 정치인들이 미처 생각하지 못했던 부주의와 결례에 대해 일침을 가하고 있어, 그렇지 않아도 정치 상황을 보면 속이 답답하다 싶은데 읽는 독자들의 입장에서는 속도 후련하다 싶으리라 본다.

이런 유의 작품과는 색깔이 다른 것이 있다면 방문한 손님을 포근하고 예의를 갖추어 맞이하는 한 대표자에 관한 글이다. 이 글의 뒷부분을 잠깐 소개해 보면

> '정치가들은 자기들이 한 말을 전혀 믿지 않기 때문에 딴 사람들이 그걸 믿으면 깜짝 놀란다.' 고 풍자한 '드골' 의 말처럼 말로만 떠드는 개그

같은 정치판에서 어머니 같은 마음으로 국민의 마음에 진정한 사랑과 믿음을 고루 나누어 줄 수 있는 진실한 지도자가 필요한 시대다. 중략.

그렇다. 어머니 마음 같은 정치가 그리운 시대다.

라고 끝내고 있다.

개인수필에 속하는 「나의 기저귀, 어머니가 찰 줄이야」는 작가가 꿈에서 만나 본 작가 어머니의 두 모습을 그려보며 이미 돌아가신 그분에 대한 애절한 그리움이 주제다.

어머니란 존재의 모습과 의미를 '기저귀' 속에서 다시 찾아내고 있으며, 부드럽고 정감적인 문체로 이끌고 있기에 어머니에 대한 애절한 그리움이 감동적으로 와 닿는다.

작가는 막막한 치매 어머니를 직접 모시고 살면서 경험한 여러 얽힌 일이나 고충들을 연상 식으로 이끌면서 '기저귀' 를 소재로 삼았다. 이를 통해 누구나 인생을 살다 보면 언젠가 기저귀를 다시 찰 가능성이 있다는 점을 상정해 보며 깨우침과 교훈을 주는 수작 급 가족 수필이라 하겠다.

오늘도 밤하늘의 별을 멍하니 쳐다보고 있노라면 오줌에 젖었다 마른 듯 꾸깃꾸깃한 어머니 속곳 자락이 눈앞에 어른거려 새삼 그리워진다.

이 시대에 살고 있는 우리 모두는 언젠가는 기저귀를 차야 하는 환자가 되리라 상상해 본다. 결국 기저귀란 항상 우리의 삶 곁에 있다는 것을 다시금 깨달아 본다.

돌이켜 보면 기저귀 이야기는 내 엄마 이야기이기도 하고 또 다른 사람들 어머니 이야기일 수도 있지만 앞으로 다가 올 우리 모두의 이야기가 아닌가 싶다.

라고 이 글을 끝맺고 있다.

또 「S 교수와 천지의 바람」은 중국 길림대학교의 S 교수와 함께 '천지를 등정한 작가의 경험담이다. 그 교수의 초라한 현실을 동정적으로 바라보면서 바람이란 형이하학적 개념을 작가만의 시각으로 형이상학적 개념으로 풀어내는 신선함과 자유로운 사색의 세계가 돋보이고 작가의 인생론적 명상이 깔려 있다.

터벅터벅 무거운 발걸음을 옮기는 그의 모습을 보면서, 어쩌면 그는 현실의 질곡에서 벗어나고파 천의무봉(天衣無縫)처럼 자유롭게 날고 있는 천지의 바람이나 천지의 구름이 되고 싶은 충동을 느꼈을지도 모른다.

라고 이 작품을 끝맺고 있다.

그리고 위대한 영웅 칭기즈칸에 관한 수필도 2편 있다. 수필 「문화적 충돌의 한 교훈」에서는 작가가 직접 접촉해 본 그 나라 사람들의 마음속에는 칭기즈칸을 가히 신처럼 생각하고 있을 뿐 아니라 그의 '말' 특히 유언은 곧 영원한 하늘의 명령이나 다름없이 생각하고 있더라는 체험담을 들려주고 있다. 징기즈칸의 유언이 '나의 죽음을 비밀로 하라' 이었는데도 세계사에서 전무후무하게 역사적 베일에 가려져 있는 칭기즈칸의 무덤을 발굴하여 역사적 유적지로 만들면 어떻겠느냐는 제안을 했다가 아주 큰 무안을 당한 일화를 소개해 보고 있다. 그리고 「칭기즈칸의 죽음과 무덤의 비밀」은 서간에세이인데 특히 다음과 같은 부분은 충분히 음미해볼 가치가 있다고 느껴진다.

> 작금의 이 세계는 인류학자들이 이구동성으로 칭기즈칸이 이룩하고 번영을 누리던 시대로 되돌아가야 한다라고 외치고 있다. 더 이상은 아무도 지식과 정보를 독차지할 수 없으며, 항상 새로운 지식과 기술, 정보를 찾아 나서지 않으면 안 되는 21세기 유목이동 시대가 도래했음을 인정한 것이다.
>
> 10여 년이라는 짧은 시간 동안 일약 세계적인 CEO가 된 손정의, 빌게이츠 등이 바로 이러한 유목이동문명의 도래를 누구보다도 일찍 발견하고 그 문명진화의 선두에 나섰던 사람들이다.
>
> 사실 칭기즈칸, 당신의 삶 속에서 우리는 21세기를 지배할 유목이동마인드 전형(stereotype)의 귀감을 찾을 수가 있다. 당신이야말로 13세기 당시의 강력한 농경정착문명을 밀어내고 인류 역사상 최초로 유목이동문명의 지배시대를 연 인물이기 때문이다. 특히 당신이 이룩한 유럽에서 아시아에까지 이르는 광활한 영토는 유목이동문명에 의한 최초의 글로벌 체제, 지구촌의 효시였다.

또한 해외에서 보고 느낀 일상 체험기에는 「유목민 출신 T 씨의 기지」가 있다. 이 작품은 해외 현지법인회사 경비직원으로 공사현장에서 일을 시켜본 유목민 출신 이야기이다. 겉보기로는 왜소하고 또 모든 면에서 경비업무 수행에 적합지 않을 듯한 그가 처음에는 경비 업무일지를 제대로 작성해 두다가 나중에는 불필요한 이야기로만 채워져 있었기에 추궁을 받았는데 알고 보니 덩치 크고 힘센 사람들의 협박을 피하면서 자기 임무에 충실하기 위해 별도 장부에다 근무태만, 음주행위 등등 일거일동을 꼼꼼히 기록해 놓았더라면서 그 기지에 감탄했다는 이야기다. 그의 이런 슬기로운 지혜는 대초원의 변화무쌍한 환경 속에서 터득한 적자생존의 진리를 일찍 깨닫고 있었기 때문이라 해석해 보고 있다. 이 글의 한 부분을 소개해 본다.

> 그 일을 생각해 보면서 나는 잠시 동물의 세계를 연관 지어 생각해 본다. 강한 동물에게 약한 동물은 항상 잡아먹히는 것 같지만, 지금도 강한 동물들과 약한 동물들이 공존하고 있지 않은가. 비록 맹수에 노출되어 있는 약한 사슴일지라도 보호 본능적 지혜가 있으면 살아남을 수가 있기 때문이다. T 씨의 경우도 마찬가지다.

자연을 소재로 한 수필에는 「S 교수와 천지의 바람」, 「초원의 별」 등이 있으며, 시에는 「천지의 바람」, 「끝없는 초원」, 「초원의 별빛」, 「별비 내리는 호수」, 「헙스걸 호숫가」 등이 있다.

대체로 이들 작품들은 우리와는 자연조건이 다른 나라 자연의 신비스러움, 광활함, 인적미답의 원시적 건강성을 한 문명인의 시각에서 바라다보며 자연과의 일체감을 노래하거나 말하고 있는데, 특히 싱싱한 원시적 생명성을 피부로 눈으로 느낀 충일감을 토로하며 세속성과 물욕성에 찌든 자기반성과 마음비우기 연습도 해 본다.

시 「천지의 바람」은 시인이 백두산의 '천지'를 직접 보고 쓴 시이다. 백두산 '천지'에 관한 글은 많은 것 같은데 그곳의 '바람'을 소재로 한 글은 별로 없지 않나 싶다. 그런 점에서 그것을 시의 소재로 삼았다는 것은 시를 창작하는 그의 시상이 뛰어나다는 점을 확인해 볼 수 있다.

시인은 '천지'의 바람이 내는 갖가지 소리들을 환청해 보며 그 바람의 모습이 과연 어떤 것일까 하고 상상해 보고 있다. 더구나 웅대한 자연, 장엄한 그 '천지' 앞에 서서 한갓 티끌만도 못한 우리 인간의 모습을 떠올려 보고도 있다.

성산(聖山)에서 일렁이는
저 바람은
신비로운 소리만 남기고
푸른 빛 구름 그늘 속으로
사라지는가.

그 누구도 아직
그 바람을
본 적이 없다.

아, 티끌만도 못한 나는
그 바람의 궤적을 찾으려
먼 하늘만 바라보고 있다.

—시 「천지의 바람」에서

저 무수한 별들은 아마 오랜 인류 역사의 산 증인이 되어 꿈을 갈망하는 수많은 사람들에게 희망을 인도하는 나침반이 되어 왔으리라 생각해 본다.

—수필 「초원의 별」

어두운 밤하늘
세상 담아내던 마음 비워내며

비워진 우주 속에서
나의 존재를 되새겨 본다

—시 「초원의 별빛」에서

들숨 날숨 반복하면서
폐부 깊숙이 들어온
청량한 협스걸 호수 공기

바쁘게 달리기만 하던 일상
잠시 내려놓고
비어 있는 마음의 집으로 돌아간다.

—시 「별비내리는 호수」에서

바다같이 거대한
신비함과 아름다움이 스며
바람소리 물소리도
마술에 걸려 정지한 채 서서

인간의 손길마저 거부하는 저 호수

제국의 영화가 사라져버린
광활한 신의 땅에서
잃어버린 나를 만나고 있다.

—시 「헙스걸 호숫가」에서

가도 가도 끝없는
짙푸른 초원이
바다로 펼쳐져 있다

광활한 초원은
아이들 가슴에
냇물을 흐르게 하고

—시 「끝없는 초원」에서

다음, 아차산 소재의 작품으로는 「어머니 닮은 아차산 · 1」과 2, 「아차산의 울림이여」, 「아차산 까치집」이 있고, 수필에는 「빗속 산행에서 다시 찾은 어머니」가 있다.

아차산은 광진구에 있는 대표적인 명산으로 전지명 시인이 아침 산행을 오르는 곳이다. 그래서 시 「어머니 닮은 아차산 · 1」과 2에서는 새벽 산행에서 아차산을 오르다 보니 문득 집에 치매로 투병 중이신 어머니 생각이 나서 대종가의 맏며느리로서 귀감이 될 만한 삶을 살아오신 어머니의 한평생과 어머니에 대한 자식으로서 고마운 정 그리고 자기의 효심을 읊고 있다. 그리고 이런 내용들을 좀 더 구체화시킨 것이 바로 수필 「빗속 산행에서 다시 찾은 어머니」인 셈이다. 이 수필은 겉으로는 효도를 다 못한 회한의 형식도 빌렸으나 실은 아흔일곱 해의 인고를 통해 슬하 부양가족들을 훌륭한 사람으로 키워내려고 헌신한 작가 어머니의 은혜에 보답해야 된다는 다짐을 드러낸 글이다.

그런데 산을 빌려 어머니를 생각해 보는 이런 작품과는 달리 어머니를 직접적으로 수필과 시로 읊은 작품이 있다. 수필 「나의 기저귀, 어머니가 찰 줄이야」와 시 「어머니의 육신」, 「어머니의 옹알이」, 「충현동산」이다.

기억에서
멀어져가는 화석으로
당신의 인자하심도
영특하심도
이제 굳어져만 갑니다

돌산처럼 강인하셨던
육신의 질그릇도
더깨핀 세월과
바다를 가르는 듯한
병마 앞에선
처연하게 부서져 내립니다.

—시 「어머니의 육신」에서

봄인지 여름인지
낮인지 밤인지
아무 것도 모르시면서
아흔 다섯이신 어머니
옹알이로 바쁘시다

큰 그림자 일렁이면
나를 부르시며
혼자 끄덕이신다

짬짬이 중얼대시는
어머니의 옹알이.

—시 「어머니의 옹알이」에서

주시던 사랑, 아직 식지 않았는데
세월 놓아 버린 어머니
여기에 영면(永眠)하셨습니다

찬바람 칼날 세우는 밤이면
더욱 간절한 그리움으로

— 시 「충현동산」에서

시인의 어머님은 몇 년 전에 돌아가셨다. 이 시들은 돌아가시기 얼마 전에 쓴 작품들이다. 시인은 환자이신 어머니의 작은 기침소리라도 놓치지 않기 위해 그의 서재 옆방에 모셨다는 얘기를 들은바 있다. 그래서 이 시에 나오는 '큰 그림자'는 다른 사람이 아니라 시인 자신을 말하고 있다. 이 시는 병석에 누워계신 어머니의 모습을 보고 그 안타까움을 침통히 읊고 있다.

지금까지는 자연, 아차산, 어머니가 소재가 된 수필과 시를 언급해 보았는데 이 세 가지는 수필과 시에 공통적으로 보인 소재였다.

그러나 시에서만 보이고 있는 소재가 있다. 그것이 바로 고향과 인생론적 명상이다.

「벚꽃 필 무렵이면 · 1」과 2, 「고향 생가를 찾아서」, 「옹달샘 · 1」과 2가 고향 소재라면, 「인생설계」, 「인생 · 1」과 2, 「우울한 욕망 · 1」, 「아름다운 변화」, 「어느 토요일 오후」, 「살며 베푸는 사랑이여」 등은 인생론적 명상의 시다.

멀리서나마 지난 시절이나 유년 시절의 고향 추억을 더듬어 보며 그 그리움을 읊고 있는 시에는 「벚꽃 필 무렵이면 · 1」과 2, 「옹달샘 · 1」과 2가 있고, 직접 찾아간 고향에서 유년을 추억해 보거나 또는 무심히 흘러간 세월 앞에서 잠시 감상(感傷)에 젖어보는 시에는 「벚꽃이 필 무렵이면 · 2」와 「고향 생가를 찾아서」가 있다.

인생론적 명상류의 시에 관해 말한다면 「어느 토요일 오후에」에서는 '무엇을 찾기 위해 누가 그렇게도 숨차도록/ 걷게 하였는가' 며 일단 자기회의나 반성을 해보고 있다. 「인생 · 1」과 2에서는 인생무상도 느껴보고 있으며, 「인생설계」에 있어서는 '비워야 채워진다는/ 소중한 가치를/ 현실 속으로 가꾸어 가는/ 그런 인생을 설계해 본다' 고도

하고 있으며, 「우울한 욕망 · 2」에서는 '생로병사의 길을 가는/ 그리하여 언젠가는/ 한 줌의 흙으로 돌아가리니/ 회색빛 욕망일랑 버리고/ 자연으로 돌아가자' 며 욕망 버리기를 권유해 보고 있다. 그리하여 산문시인 「아름다운 변화」에서는 이타행(利他行)의 삶을 삶의 덕목으로 삼아 보자고 권고해 보고도 있다.

> 빗장이 굳게 닫힌 마음에는 먼지 한 톨 앉을 자리가 없다. 그러나 아름다운 변화로 열린 당신의 마음에는, 뜨거운 가슴으로 세상 모든 것을 담을 수 있다.
>
> 그리하여 '나눔' 의 씨앗을 뿌리며 따뜻한 사랑의 꽃밭을 가꾸어 가자. 사람이 꽃보다 아름답게 피어나는 모습을 눈으로 보면서….
>
> —시 「아름다운 변화」에서

Ⅲ. 나가는 말

지금까지 나는 이 책의 내용을 대충 요약해서 설명해 보았다. 그리고 작품 전체를 읽으면서 떠오른 몇 가지 생각도 있었다.

첫째, 전지명 시인은 한마디로 이 시대의 보기 드문 꼿꼿한 선비 정신을 지닌 문인으로서 손색이 없을 정도로 문필 활동도 왕성하고, 문학성도 보장된 작가이다.

둘째, 그는 또 사회의 지도층 인사로서 국가나 우리 사회 현실을 걱정하는 마음이 매우 강렬하다. 그것을 애국적 열정이라 해도 좋을 듯

싶다. 특히 지나친 개혁성 보다는 진보적 보수주의의 온건성을 견지하고 있는 점이 매우 든든하고 신뢰가 간다.

셋째, 부모님에 대한 효성이 지극한 분이란 걸 새삼 느꼈다. 앞에서 언급한 여러 글에서 보았듯 치매로 누워계셨던 어머니를 늘 생각하고 안타까워하는 그 마음에서 이 시대에 흔치 않은 효자 중의 한 사람임을 감지할 수 있었다. 사실 내가 들은 이야기로도 익히 그렇다고 생각하고 있다. 6남매의 막내인데도 고향집의 어머님을 모셔 와서 돌아가실 때까지 장기간 온 정성을 다해 집에서 모셨다는 이야기를 들었을 때 과연 효심이 깊은 분이구나 싶었다.

넷째, 인격적으로나 인간적으로나 남을 배려하는 덕목도 갖추고 있으며, 정도 많은 사람임을 알 수 있었다. 특히 수필 「S 교수와 천지 바람」, 「장충동 족발」, 「건강은 새벽 산행에서부터」와 「옛 약수터 할아버지」를 읽어보면 이런 면이 약여히 드러나 있다.

그리고 더 나아가 수필 「초원의 별」을 읽어 보면 민족을 초월한 인도주의적 정신도 겸비하고 있음을 알 수도 있다. 그가 수천 년 동안 풀만 무성한 적막하고 광활한 초원의 외국인 투자를 하게 만든 계기가 바로 사경을 헤매는 그곳 아이의 가련하고 측은한 모습이었다 했다. 무더운 어느 해 여름 그곳의 첫 여행에서 불덩이 같은 햇빛이 고통스러워 이리저리 뒹굴고 있는 버려진 듯 해 보이는 그 아이가 너무나 가여워 그것이 머릿속에 깊이 각인되어져 결국 경제적으로 가장 낙후한 듯한 그곳에 사업투자를 하게 되었다는 부분을 접해보면 누구나 감동적이기도 한 그의 인도주의적 휴머니즘 정신을 높이 사지 않을 수 없으리라 본다.

미상불 정도 많고 동정심이나 측은지심이 많은 분임에는 틀림없다. 여행지에서 1달러를 내고 낙타를 타보려고 잔등에 탔는데 낙타가 일어서는 순간 무릎의 살점이 찢겨져나가 있는 것을 발견하고 하찮은 동물이지만 측은지심에서 곧 바로 내려버렸다는 이야기를 직접 들은 바도 있다.

그와 유사한 측은지심의 시각에서 읊은 시가 바로 이 책 속의 「사막의 낙타」란 시다.

고비사막
그 황량한 사막길을
유목민의 발이 되어
짐을 나른다.

중략

끝없는 사막길
여행객 마음 싣고
입거품 흘리며
이빨 부딪혀 나는 처연한 소리를

전통노래와 마두금 연주에
그 큰 눈에 눈물 흘리는 사막의 낙타.

낙타를 바라보는 시인의 시각이 바로 측은지심이나 긍휼의식의 표출이다. 이쯤에서 이 시인의 인격적 수양이나 인간성은 충분히 짐작이 가리라 본다.

끝으로 이 문집을 계기로 하여 앞으로 문사(文士)로서 더욱 이름을 드높여주길 바라며, 동시에 더 나아가서는 그의 인간미, 그의 인간애나 인륜애, 그의 인류애 그리고 사회봉사활동이나 애국적 열정 등을 바탕삼아 사회의 더욱 큰 일꾼이 되어 주길 바라는 마음 간절하다.

왜냐하면 이 문집을 통해서 그가 이 시대의 보기 드문 한 휴머니스트라는 것을 확인했기 때문이다.

찻잔 너머의 세상

–세상살이 몬도가네–

초판인쇄 2011년 11월 25일
초판발행 2011년 11월 25일

지은이 | 전지명
펴낸이 | 서영애
펴낸곳 | 대양미디어

등록 | 2004년 11월 8일 제2-4058호
주소 | 서울시 중구 충무로5가 8-5 삼인빌딩 303호
전화 | 02-2276-0078
팩스 | 02-2267-7888
전자우편 | sdanbi@kornet.net

ISBN 978-89-92290-44-9 03810

값 | 12,000원

* 파본은 교환하여 드립니다.